Dieter Birnbacher   Schopenhauer

Arthur Schopenhauer (1788–1860) ist ein Denker des Übergangs, bei ihm vermischt sich Altes mit radikal Neuem. Dabei wagt er es, gegen die Grundtendenz des gesamten abendländischen Denkens anzudenken und die herkömmliche Seinsordnung geradewegs auf den Kopf zu stellen. Kein anderer Philosoph hat mit vergleichbarer Radikalität den optimistischen Grundzug der großen metaphysischen Systeme des Westens durchschaut und als realitätsfremd kritisiert. Vorstellungen wie die, dass »hinter« der Erfahrungswelt eine Welt vollkommener Ideen, ein gütiger Gott oder die »reine« Vernunft oder dass in der Geschichte ein Heils- oder Fortschrittsprinzip walte, werden von Schopenhauer schlicht als Wunschdenken abgetan und durch das ernüchternde Bild des Kreislaufs eines nicht heilbaren Unheils ersetzt.

Dieter Birnbacher, geboren 1946, ist Professor für Philosophie an der Universität Düsseldorf. Buchpublikationen u. a.: Schopenhauer in der Philosophie der Gegenwart (1996); Natürlichkeit (2006); Analytische Einführung in die Ethik (2007); Giving Death a Helping Hand (2008).

Grundwissen Philosophie

Schopenhauer

von

Dieter Birnbacher

Philipp Reclam jun. Stuttgart

Wissenschaftlicher Beirat der Reihe
Grundwissen Philosophie:

RECLAM TASCHENBUCH Nr. 20327
Alle Rechte vorbehalten
© 2009 Philipp Reclam jun. GmbH & Co., Stuttgart
Reihengestaltung Grundwissen Philosophie:
Gabriele Burde
Umschlagabbildung vorn: Bildnis nach einer
Daguerrotypie von 1859
Umschlagabbildung hinten: © privat
Satz: Steffi Glauche, Leipzig
Druck und Bindung: Reclam, Ditzingen
Printed in Germany 2009
RECLAM ist eine eingetragene Marke
der Philipp Reclam jun. GmbH & Co., Stuttgart
ISBN 978-3-15-020327-9

www.reclam.de

Inhalt

Schopenhauer – ein Denker des Übergangs

Arthur Schopenhauer (1788–1860) ist ein Denker des Übergangs, bei ihm vermischt sich Altes mit radikal Neuem. Auf der einen Seite steht sein Denken in der Tradition der neuzeitlichen Metaphysik und insbesondere der Transzendentalmetaphysik Kants. Auf der anderen Seite macht sich in seiner Philosophie ein gänzlich neuer Typ philosophischen Denkens geltend, für den sich die Bezeichnung »existenzphilosophisch« eingebürgert hat. Der Beginn dieser Existenzphilosophie wird in den Darstellungen zur Geschichte der Philosophie auf einen Philosophen zurückgeführt, der zu der auf Schopenhauer folgenden Generation gehört: auf Sören Kierkegaard.

Schopenhauer sah sich selbst zeitlebens als der Nachfolger Kants, der dessen philosophisches Vermächtnis am reinsten fortführte, unverfälschter jedenfalls als die deutschen Idealisten Fichte, Schelling und Hegel, die für sich dasselbe beanspruchten. Schopenhauer war in vielerlei Hinsicht ein außerordentlich loyaler Kantianer. Er wahrte seinem Vorbild nicht nur dadurch die Treue, dass er das Ideal des Selbstdenkens für sich für ebenso verbindlich hielt, wie es Kant getan hatte, sondern auch dadurch, dass er – aus heutiger Sicht gelegentlich bemerkenswert unkritisch – zentrale Lehrstücke der kantischen Philosophie übernahm. So übernimmt er in der *Metaphysik* Kants These, dass die in Raum und Zeit ausgedehnte Welt bloße Erscheinung, »Vorstellung« ist und als Objekt der Wahrnehmung ihrer Existenz und Beschaffenheit nach unauflöslich von der Existenz und dem Erkenntnisapparat des Subjekts abhängt. Die raumzeitliche Erscheinungswelt hat nur insoweit Bestand, als sie von einem Subjekt wahrgenommen wird: kein Objekt ohne Subjekt. Von Kant übernimmt er zugleich die dazu komplementäre These, dass sich das Subjekt als solches nur denken kann, wenn diesem eine als unabhängig gedachte Erscheinungswelt gegenübersteht. Das Subjekt weiß von sich nur, indem es sich von der Welt der Erscheinungen absetzt: kein Subjekt ohne Objekt. Und wie für Kant ist auch für Schopenhauer das Subjekt – paradoxerweise, da ja die Existenz der Erscheinungswelt von ihm abhängen soll – insubstanziell. Das Subjekt, von dessen Erkenntnisvermögen Existenz und Struktur der Erscheinungswelt abhängen sollen, ist keine substanzielle Seele oder ein wie immer gearteter individueller Geist, der das Ende der Erscheinungswelt im Tod überdauern könnte, sondern ein ontologisches Nichts, ein Konstrukt unseres Denkens, dazu bestimmt, uns unsere jeweils persönliche Perspektive auf die Welt verständlich zu machen.

In der *Erkenntnistheorie* übernimmt Schopenhauer Kants Auffassung, dass die Zustände der Erscheinungswelt notwendig kausal miteinander verknüpft sind. Das Kausalprinzip, nach dem sich für jede Veränderung in der Welt eine zeitlich vorhergehende Ursache finden lässt, die sie unausweichlich macht, gilt für Schopenhauer ebenso lückenlos wie für Kant, und beide stimmen darin überein, dass die Geltung dieses Prinzips strikt auf die raumzeitliche Erscheinungswelt beschränkt ist. Es gilt für die Phänomene der Natur sowie für die Phänomene des Seelenlebens, aber nicht für das, was sich möglicherweise als durch die Erfahrung unerreichbares »Ding an sich« hinter beiden verbirgt.

In der *Ethik* übernimmt Schopenhauer die kantische Auffassung, dass für den moralischen Wert einer Handlung ausschließlich die der Handlung zugrunde liegenden Motive entscheidend sind, nicht der von einer Handlung exemplifizierte Handlungstyp oder die Handlungsfolgen. In der *Ästhetik* variiert er Kants Lehre vom »interesselosen Wohlgefallen«, das weder auf Besitz noch auf Triebbefriedigung zielt.

Seinem Vorbild Kant folgt Schopenhauer vor allem aber auch in der Art und Weise, in der er seine Philosophie insgesamt anlegt, nämlich als ein umfassendes philosophisches System, das aus einem einzigen zentralen Gedanken heraus entwickelt ist und diesen in alle Unterdisziplinen der Philosophie hinein entfaltet und ausdifferenziert. Schopenhauer möchte – nicht anders als seine erklärten Gegner, die deutschen Idealisten – das Ganze der Erfahrung in einen übergreifenden Sinnzusammenhang einordnen und die Vielfalt der Weltstrukturen mit wenigen grundlegenden Kategorien erfassen. Der Maßstab, an dem sich dieses Denken ausrichtet, ist derselbe, den auch andere Systemdenker für sich reklamiert haben: größtmögliche Einheit, Geschlossenheit und Vollständigkeit. Dazu passt, dass sich Schopenhauer in seinen gelegentlichen Reflexionen über den historischen Standort seiner Philosophie ganz selbstverständlich in die Traditionslinie der großen Systematiker Platon, Aristoteles, Descartes, Spinoza und Kant einordnet.

Aber auf der anderen Seite meldet sich in Schopenhauers Philosophie etwas gänzlich Neues zu Wort: eine Form von Philosophie, die in nahezu allem mit dem Systemdenken Kants und seiner unmittelbaren Nachfolger scharf kontrastiert. Diese Form der Philosophie ist hochgradig subjektiv, individuell, existenziell. In ihr versucht sich ein Individuum in philosophischen Begriffen über seine höchstpersönliche Existenz klarzuwerden, sich mit seiner individuellen Erfahrung der Welt auseinanderzusetzen und seiner ureigensten Betroffenheit von den Zumutungen der Welt (vor allem seiner unausweichlichen Endlichkeit) Ausdruck zu geben. Schopenhauer philosophiert nicht nur als Systematiker, sondern auch existenziell. Das zeigt sich unter anderem darin, dass sein Denken – ähnlich wie das von Kierkegaard und Nietzsche, die in dieser Hinsicht seine unmittelbarsten Nachfolger sind – in unübersehbarer Weise von seiner Persönlichkeit und seiner persönlichen Lebenserfahrung geprägt ist. Schopenhauers Philosophie gibt nicht nur seinen Gedanken Ausdruck, sondern auch seinen innersten Gefühlen, teils bewusst und absichtlich, teils unfreiwillig. Kaum ein anderer

Philosoph begegnet dem Leser so unmittelbar als Mensch, und nicht nur als Lehrer oder Gelehrter, wie Schopenhauer. Nicht ohne Grund wählte Nietzsche für die dritte seiner *Unzeitgemäßen Betrachtungen* den Titel »Schopenhauer als Erzieher« und nicht etwa »Schopenhauer als Lehrer«. Schopenhauer spricht den Leser direkt an, unverstellt und ohne sich hinter einer Maske zu verstecken. Er behält »nichts auf dem Herzen«. Der Leser wird, ob er will oder nicht, hineingezogen in eine ungewöhnlich freie, aber auch ungewöhnlich von Nöten, Ängsten, Einsamkeit und Depressionen belastete Existenz. Das ließe sich mit vielen Textstellen illustrieren. Aufschlussreich ist etwa die folgende, in der Schopenhauer zu erklären versucht, warum er sich stets um einen leichten und eingängigen Schreibstil bemüht, wobei er die Einsamkeit, in die er sich durch seine stolze Distanzierung von den Mitmenschen begeben hat, nicht verleugnen kann: »Der schöne und gedankenreiche Geist [wird] sich immer auf die natürlichste, unumwundenste, einfachste Weise ausdrücken, bestrebt, wenn es irgend möglich ist, seine Gedanken Andern mitzutheilen, um dadurch die Einsamkeit, die er in einer Welt wie dieser empfinden muß, sich zu erleichtern.« (I, 291)

Fern davon, sich in die dünne Luft der Abstraktion oder in die olympische Gelassenheit einer kontemplativen Gesamtsicht der Welt zu begeben, ist dieses Denken expressiv und durchaus auch aggressiv. Es springt den Leser an, ähnlich wie Schopenhauer auf einigen der von ihm überlieferten Fotografien den Betrachter anspringen zu wollen scheint. Dieses Denken richtet sich nicht nur an den Kopf, sondern auch an das Herz, an das fremde wie das eigene. Es sucht für sich selbst wie für den Leser nach der intellektuell und emotional befriedigenden Lösung der aufgeworfenen Probleme. Es will nicht nur belehren, es will vielmehr, wie Schopenhauer ausdrücklich festgehalten hat (IX, 15), auch erschüttern, und es greift dazu auf Ausdrucksmittel zurück, wie sie sich ansonsten nur in der Literatur finden: auf suggestive Bilder, lapidare Sentenzen, paradoxe Zuspitzungen und auch auf beißenden

Spott. An vielen Stellen bedient sich Schopenhauer ganz bewusst der Mittel der karikaturhaften Übertreibung, nicht zuletzt um seine Leser durch die Konfrontation mit seinem Leiden aus ihrer intellektuellen und emotionalen Lethargie wachzurütteln (ähnlich wie später Nietzsche seine Leser durch die Konfrontation mit seinen körperlichen Schmerzzuständen wachrüttelt). So kommt es gelegentlich zu scheinbar verstiegenen und absurden Zuspitzungen wie der gegen den »Optimisten« Leibniz gerichteten Behauptung, die Welt sei nicht nur schlecht, sie sei die schlechteste aller möglichen, eine schlechtere könne nicht einmal gedacht werden. (IV, 684)

Zwei verschiedenen und sogar gegensätzlichen Modellen des Philosophierens zu folgen, ist eine riskante Angelegenheit; und wie riskant sie ist, zeigt sich in den zahlreichen und zu Recht gerügten Spannungen, Widersprüchen und Unstimmigkeiten dieses Denkens. Schopenhauers methodische Ambivalenz zeigt sich auch in seiner Metaphilosophie, also in seinem philosophischen Nachdenken über das Philosophieren selbst. In seinen Reflexionen über sein eigenes Vorgehen hat er seine Methodenideale mehrfach ausdrücklich benannt, ohne sie allerdings so, wie es der Sache nach erforderlich gewesen wäre, voneinander zu unterscheiden. Als Systemdenker versucht Schopenhauer im Gefolge Kants dem Modell einer sich als Wissenschaft verstehenden Philosophie zu folgen und die Metaphysik fern aller bloßen Spekulation auf dieselbe feste Grundlage zu stellen, auf der die theoretischen Wissenschaften stehen: einerseits auf unbezweifelbare und mit der bloßen Vernunft einsehbare *Prinzipien a priori*, andererseits auf die Methode der *Induktion*. Die Prinzipien a priori sollen sich entweder aus der Logik oder – als transzendentale Bedingungen – aus der Möglichkeit der Erfahrung überhaupt ergeben. Die Induktion hingegen soll sich auf dieselben Erfahrungstatsachen stützen, auf die sich auch die Wissenschaften berufen. Der Philosophie wird die Aufgabe zugewiesen, die Welt in ähnlicher Weise zu erklären, wie es die theoretischen

Naturwissenschaften tun. Obwohl die in den jeweiligen Erklärungen herangezogenen Theorien und Hypothesen ihrem Gehalt nach ein gutes Stück über die Erfahrungswelt hinausreichen und Entitäten und Gesetzmäßigkeiten postulieren, die der Erfahrung unzugänglich sind, sollen diese doch in der Erfahrung verankert und anhand der Erfahrung indirekt überprüfbar sein. Schopenhauer nimmt mit dieser Funktionsbestimmung der Philosophie im Kern das Modell der »Vermutungsmetaphysik« vorweg, das erst im späteren 19. Jahrhundert zur Entfaltung kommen sollte und seit Oswald Külpe als »induktive Metaphysik« bekannt ist. Wie bei den Philosophen, die auf diese Weise zu Nachfolgern Schopenhauers wurden (unter ihnen Gustav Theodor Fechner, Eduard von Hartmann, Alfred North Whitehead und Karl Popper), ist das induktive Modell bereits bei Schopenhauer von der Idee geleitet, damit in der Philosophie ähnliche Fortschritte zu machen wie bei den Naturwissenschaften und die Metaphysik von der Beliebigkeit zu befreien, die sie in Schopenhauers Augen bei den spekulativen Konstruktionen der Metaphysiker unter seinen Zeitgenossen angenommen hat. Außerdem versprach sich Schopenhauer von diesem Modell eine radikalere Loslösung der Philosophie von Religion und Theologie, als sie Kant und die Nachkantianer gewagt hatten.

Wie sieht das von Schopenhauer entwickelte Modell einer induktiven Metaphysik im Einzelnen aus? Zunächst soll die Philosophie dadurch, dass sie eine induktive Grundlage erhält, keineswegs auf bloße Beschreibung verpflichtet werden. Sie soll weiterhin Theorien und Hypothesen entwickeln, die über den Bereich des Erfahrbaren hinausgehen und ins Transzendente vorstoßen. Aber diese Grenzüberschreitung soll stets nur so weit gehen, dass die Theorien und Hypothesen durch die Gegebenheiten der Erfahrungswelt, auch wenn diese nicht unmittelbar als Prüfinstanzen in Frage kommen, doch zumindest bestätigt oder geschwächt werden können. Insofern unterscheidet sich die so verstandene Metaphysik ihrer Methodik nach nicht von den hochgradig theoretischen

Wissenschaften, etwa der newtonschen Mechanik. Das gilt auch für die entsprechenden Wahrheitskriterien. Das Kriterium für die Wahrheit (beziehungsweise das Maß an Wahrheit) einer metaphysischen Hypothese besteht darin, wie weit sie die zu erklärenden Phänomene verständlich macht und wie weit die empirisch nicht zu klärenden Fragen durch sie eine Antwort erhalten: »Das gefundene Wort eines Räthsels erweist sich als das rechte dadurch, daß alle Aussagen desselben zu Ihm passen.« (III, 216) Was diese Metaphysik von den Erfahrungswissenschaften unterscheidet, sind zwei Merkmale: einmal, dass sie die Erfahrungsgegebenheiten *als Ganzes* und nicht nur bestimmte begrenzte Bereiche oder Aspekte erklären soll. Die Metaphysik wird als diejenige Wissenschaft bestimmt, die sich auf das »Ganze und Allgemeine aller Erfahrungen« bezieht. (III, 214) Zweitens unterscheiden sich die Erklärungshypothesen der Metaphysik durch eine weiter gehende Erklärungstiefe. Die Metaphysik hat es nicht nur mit allgemeineren, sondern auch mit »tieferen« Erklärungen zu tun als die Wissenschaften. Sie soll die Rätsel, mit denen uns die Erfahrungswelt konfrontiert (wie das des Zusammenhangs zwischen Körper und Seele, Physischem und Psychischem), lösen, die die Bereichswissenschaften (etwa die Neurophysiologie und die Psychologie) angesichts ihrer Beschränkung auf bestimmte Ausschnitte der Wirklichkeit oder bestimmte begrenzte Perspektiven und Erkenntniszugänge offenlassen. Um diese Rätsel erfolgreich anzugehen, ist allerdings neben einer genauen Kenntnis der Sachzusammenhänge auch die der Grundlinien der einschlägigen Wissenschaften gefordert. Deshalb verlangt Schopenhauer, der selbst Naturwissenschaften und Medizin studiert hat, dass sich niemand an die Metaphysik wagen solle, »ohne zuvor eine, wenn auch nur allgemeine, doch gründliche, klare und zusammenhängende Kenntniß aller Zweige der Naturwissenschaft sich erworben zu haben« (III, 209).

Wenngleich sich Schopenhauer mit der Konzeption einer erfahrungsbasierten Metaphysik im Rahmen der kantischen

Vorstellungen von einer wissenschaftlichen Metaphysik bewegt, muss seine Ausarbeitung dieses Programms als eine »epochemachende Leistung« (Morgenstern 1987, 606) gelten. Ungeachtet der zahlreichen Rückgriffe auf Kants Methodenideal sollte das Neue in dieser Konzeption nicht übersehen werden. Es besteht vor allem darin, dass Schopenhauer die kantische Beschränkung der Metaphysik auf die *Formen* der Erfahrung und des Erkenntnisgewinns überwindet. Kant versuchte, den Zugang zu dem, was jenseits der Erfahrung liegt, in den notwendigen – und deshalb mittels der bloßen Vernunft erkennbaren – *Formen* der Erscheinungswelt und der Erkenntnis aufzufinden. Schopenhauer geht darüber hinaus, indem er diesen Zugang auf den *Inhalt* der Erfahrung erweitert. Nicht die Formen der Erscheinungswelt, sondern ihre Inhalte sollen Aufschluss darüber geben, »was hinter der Natur steckt und sie möglich macht« (III, 191). Die Inhalte der Erfahrung umfassen dabei für Schopenhauer sowohl das, was wir in der äußeren Natur wahrnehmen, als auch die Selbsterfahrung – die Erfahrung unserer eigenen Bewusstseinsakte und -zustände – und die bei Schopenhauer zentrale Leiberfahrung, die Erfahrung, die wir von unserem jeweils eigenen Körper haben.

Nun hat die Forderung, die Metaphysik primär durch die Erfahrung und nicht mehr durch die Vernunft zu beglaubigen, gravierende Folgen für den Geltungsanspruch, der für metaphysische Erklärungen legitimerweise erhoben werden kann. Während die überwiegende Mehrzahl der bis dato vertretenen metaphysischen Systeme mit dem Anspruch verbunden war, sicherer begründet zu sein als die auf die Erscheinungswelt bezogenen Wissenschaften, ist eine dem induktiven Modell folgende Metaphysik *unsicherer* und weniger verlässlich als die Wissenschaft und zudem im Zeitverlauf instabiler. Ihr Wahrheitsgehalt lässt sich niemals endgültig, sondern immer nur vorläufig bestimmen.

Eine weitere Folge einer induktiven Auffassung von Metaphysik liegt darin, dass metaphysische Erklärungen systematisch *unvollständig* sind. Sie erklären zwar die Struktur und die Inhalte der Erscheinungswelt durch etwas, was erfahrungsunzugänglich »hinter« den Erscheinungen liegt. Aber ihre Reichweite ist dadurch, dass sie sich an der Erfahrung bewähren müssen, eingeschränkt. Sie erhellen stets nur den erfahrungsnahen Rand des Dunkels, das die Erscheinungswelt umgibt, und dringen grundsätzlich niemals zu Letzterklärungen vor. Schopenhauer drückt das so aus: »Welche Fackel wir auch anzünden und welchen Raum sie auch erleuchten mag; stets wird unser Horizont von tiefer Nacht umgränzt bleiben.« (III, 216) Vor diesem Hintergrund ist es nur konsequent, wenn Schopenhauer den Anspruch, Kenntnis von einem über alle Relativität zur Erfahrungswelt erhabenen Absoluten gewinnen zu können, wie ihn seine Gegenspieler Schelling und Hegel erheben, als Anmaßung zurückweist.

Das induktive Modell ist allerdings nur die eine Seite der Ambivalenz. Parallel zum Verständnis von Metaphysik als einer hypothetischen Welterklärung auf empirischer Grundlage gibt es bei Schopenhauer ein gänzlich anderes Verständnis von Metaphysik: das der Metaphysik als einer Form *expressiver Beschreibung*. Dieses Modell bedeutet eine noch sehr viel radikalere Abkehr vom kantischen Modell. Kennzeichen dieses Modells ist es, dass es nicht darauf zielt, die Phänomene durch die Setzung erfahrungstranszendenter Entitäten, Kräfte oder Gesetze zu *erklären*, sondern darauf, die Phänomene lediglich zu *beschreiben*, und zwar so, dass sie sich zu einem Sinnzusammenhang fügen. Diese Konzeption kann man *hermeneutisch* nennen, insofern sie sich darauf richtet, keinen *hinter* den Phänomenen verborgenen Sinn, sondern den *in* den Phänomenen selbst enthaltenen Sinn zu ergründen. Sie ist anders als die Metaphysik nach dem induktiven Modell immanent, nicht transzendent. Sie tut keinen Schritt ins Hypothetische hinein, vielmehr beschränkt sie sich darauf, das Erfahrene – einschließlich der inneren und leiblichen Erfahrung – in seinem Gehalt zu erfassen.

Bei allen Ähnlichkeiten ist der Unterschied zwischen beiden Auffassungen beträchtlich. Vorausgesetzt, wir verstehen – Schopenhauer folgend (IX, 26) – die Erfahrungswelt als einen zu entziffernden Text, so richten sich die Interpretationsansätze jedes Mal auf sehr unterschiedliche Dinge. Nach der Auffassung von Metaphysik als einem induktiven Verfahren, das sich der Methode des »Schlusses auf die beste Erklärung« bedient, zielt die Interpretation auf das, was hinter dem Text als seine Ursache liegt, auf die Gedanken und Absichten des Autors. Nach der Auffassung von Metaphysik als Hermeneutik zielt die Interpretation auf das, was der Text für sich selbst besagt, unabhängig davon, ob dies den Absichten des Autors entspricht oder ob es überhaupt einen Autor gibt. Auch bei einer immanenten, die Phänomene nicht übersteigenden Beschreibung geht es um Wahrheit und intersubjektive Plausibilität. Aber in der Regel wird sie es schwerer haben, ihren Anspruch auf intersubjektive Anerkennung einzulösen. Sie ist in weit höherem Maße Ausdruck einer bestimmten persönlichen Sichtweise der Welt und spiegelt mehr als eine induktiv gewonnene Erklärung die Reaktionsweisen und Sensibilitäten ihres Autors. Ihre Wahrheit ist eher die Wahrheit der Kunst als die Wahrheit der Wissenschaft. Tatsächlich war Schopenhauer – besonders in der Frühphase seines Denkens – der Meinung, dass die Methode der Philosophie der der Kunst näherstehe als der der Wissenschaft: »Nicht dem Warum gehe der Philosoph nach, wie der Physiker, Historiker und Mathematiker, sondern er betrachte bloß das Was, lege es in Begriffen nieder (die ihm sind wie der Marmor dem Bildner), indem er es sondert und ordnet, jedes nach seiner Art, treu die Welt wiederholend, in Begriffen, wie der Maler auf der Leinwand.« (Schopenhauer 1985a, I, 154 Anm.)

Dieses hermeneutische Verständnis von Philosophie erweist sich, wie noch zu sehen sein wird, für den Zugang zu Schopenhauers Denken insgesamt als sehr viel fruchtbarer. Aber auch ohne hier bereits auf die inhaltlichen Gründe für die Bevorzugung der hermeneutischen Lesart von Schopenhauers Philosophie einzugehen, lassen sich vorab zwei formale Gründe für diese Präferenz angeben. Der eine ist, dass diese Lesart besser als die induktivistische den *expressiven* Anteilen der schopenhauerschen Philosophie entspricht. Diese Expressivität ist ja eines der auffälligsten Merkmale von Schopenhauers Philosophie – und zumindest eine Teilerklärung für seine Popularität in der zweiten Hälfte des 19. Jahrhunderts. Kaum ein anderer Philosoph, außer vielleicht der Schopenhauer wahlverwandte Nietzsche, hat jemals so unverhohlen seine Emotionalität in seine Philosophie eingehen lassen. Schopenhauers Philosophie ist durchzogen vom Erschrecken über die Grausamkeit der Welt, und es ist ihm ein Anliegen, den Schock darüber im Leser nachwirken zu lassen, unter anderem mit Hilfe von ihrerseits schockierenden, die Grausamkeit in ihren grauenhaftesten Formen heraufbeschwörenden Formulierungen. Auch wenn sich die Philosophie bei Schopenhauer weiterhin im Medium der herkömmlichen philosophischen Begriffe bewegt, werden diese Begriffe doch nicht nur als Elemente von Gedanken und Mitteilungen, sondern wesentlich auch als Ausdrucksmittel eingesetzt. Die Sätze, in denen sich diese Philosophie mitteilt, lassen erkennen, dass ihnen jeweils eine konkret-anschauliche Erfahrung zugrunde liegt und in ihnen ein gefühlsmäßiges Erleben nachwirkt. Der zweite Grund, Schopenhauers Philosophie primär als expressive Beschreibung zu verstehen, ist, dass er sie selbst an verbindlicher Stelle so gesehen hat, und zwar in der als letztes Stück der zweiten Auflage von *Welt als Wille und Vorstellung* beigegebenen *Epiphilosophie*. Hier, wo Schopenhauer die Methode seiner Philosophie rückblickend erläutert, findet sich der eindeutigste Verzicht auf den traditionellen Erklärungsanspruch der Metaphysik: Seine Philosophie mache »keine Schlüsse auf das jenseits aller möglichen Erfahrung Vorhandene«. Sie begnüge sich vielmehr damit, »das Wesen der Welt, seinem innern Zusammenhange mit sich selbst nach, zu begreifen« (IV, 750).

Schopenhauer – ein Denker der Gegensätze

Von Ambivalenzen ist Schopenhauers Philosophie nicht nur in ihrem allgemeinen Charakter, sondern auch in inhaltlicher Hinsicht geprägt. Die auffälligste Ambivalenz ist die zwischen einer *idealistischen* Tendenz in der Nachfolge Kants und einer *realistischen* Tendenz in der Nachfolge der französischen Materialisten, etwa d'Holbachs und La Mettries. Nach dem idealistischen Schopenhauer soll die Welt in Raum und Zeit bloße Vorstellung sein, die mit dem Tod des individuellen Subjekts in sich zusammenfällt. Individuen sollen nur so lange unterscheidbar sein, als sie räumlich und zeitlich bestimmt sind. Deshalb gibt es außerhalb der Welt der Vorstellung – und damit des *principium individuationis* – keine Vielheit. Dennoch aber soll der Mensch seinen physischen Tod in einer bestimmten Weise überleben können, allerdings nicht als Person oder individuelle Seele, sondern als Teil einer hinter der Erscheinungswelt waltenden übergreifenden Einheit. Deshalb der sprachliche Wechsel zum kollektiven »Wir« in dem Satz, der diese Lehre knapp zusammenfasst: »Zu ewiger Fortdauer ist kein Individuum geeignet: es geht im Tode unter. *Wir jedoch [...] verlieren dabei nichts.*« (IX, 292) Dem steht auf der anderen Seite eine robust-realistische, wenn nicht sogar materialistische Sicht der Dinge gegenüber. Insbesondere in seiner späteren Schaffenszeit zeigt sich Schopenhauer – in den Worten Ludwig Feuerbachs – »von der ›Epidemie‹ des Materialismus angesteckt« (Feuerbach 1911, 219 f.). Am deutlichsten wird das in seiner Auffassung der Welt als Produkt der Verarbeitung innerer und äußerer Reize im Gehirn. Unter dem Einfluss der französischen Pioniere der Gehirnphysiologie, insbesondere Pierre Jean Georges Cabanis', fasst Schopenhauer das Gehirn als »Denkorgan« auf und identifiziert es mit dem, was Kant »Verstand«

genannt hatte, nämlich dem Vermögen, gegebene Empfindungen zu Anschauungen zu integrieren und durch Kausalbeziehungen in eine gesetzmäßige Ordnung zu bringen. Im Gegensatz zu Kant erklärt Schopenhauer die Operationsweise des Verstands jedoch naturalistisch, nicht transzendental. Die Synthese der Sinnesreize zu Anschauungen von Gegenständen vollzieht sich im Gehirn, während sie bei Kant in einem geheimnisvollen Organ jenseits der Erfahrungswelt erfolgt: »Verstand« ist ein *physiologisches* Vermögen. Nicht das Bewusstsein verarbeitet die gegebenen Sinnesdaten zu einer artikulierten Anschauung von Gegenständen, sondern das Gehirn. Der Verstand »erschafft« die Welt der materiellen Gegenstände, indem er die empfangenen Sinnesreize kausal interpretiert und aus den Wirkungen die Ursachen erschließt.

Gleichzeitig begibt sich Schopenhauer mit dieser Sichtweise allerdings in ein – unter dem Titel »Gehirnparadox« bereits von Zeitgenossen wie Eduard Zeller (vgl. Spierling 1984, 185) konstatiertes – Dilemma. Die naturalistische Deutung des Verstands verträgt sich nur schwer mit der von Schopenhauer ansonsten hochgehaltenen idealistischen Sichtweise der Natur als einer bloßen Erscheinung. Ein Teil der physischen Welt, das Gehirn, kann unmöglich Erscheinung und zugleich die Quelle aller Erscheinungen sein. Als Quelle aller Erscheinungen kann das Gehirn nicht selbst zur Erscheinungswelt gehören. Als Teil der Erscheinungswelt kann es nicht die Quelle seiner selbst sein. Die Frage nach dem Status des Gehirns wird insofern für Schopenhauer zur metaphysischen Gretchenfrage: »Wie hältst du es mit dem Idealismus?« Aber Schopenhauer gibt auf diese Frage an keiner Stelle eine eindeutige und ausdrückliche Antwort. Seine Philosophie vollzieht sich als ein fortwährender Drahtseilakt zwischen Idealismus und Realismus als sich gegenüberstehenden Polaritäten. Sie lebt mit der Gefahr, immer wieder das Gleichgewicht zu verlieren und nolens volens ins eine oder ins andere Extrem zu verfallen.

Die Ambivalenz zwischen Idealismus und Realismus lässt sich als Symptom einer tiefer liegenden Spannung zwischen zwei für Schopenhauer charakteristischen Tendenzen sehen, die letztlich in seiner Persönlichkeit wurzeln und paradoxerweise – ähnlich wie bei Spinoza und Wittgenstein – einen Gutteil des besonderen Reizes dieser Philosophie ausmachen: der Spannung zwischen Rationalismus auf der einen und Mystik auf der anderen Seite. Schopenhauer vereinigt in seiner Person das Paradox, zugleich Aufklärer und Stifter einer eigentümlichen, zwischen Christentum und Buddhismus angesiedelten Art von Spiritualität zu sein. So geht er in der Kritik an metaphysisch-theologischen Konstruktionen wie denen eines persönlichen Gottes, einer substanziellen Seele oder einer individuellen Unsterblichkeit noch ein gutes Stück weiter als seine diesbezüglichen Vorbilder Hume und Voltaire. Die Schärfe seiner Kritik an den Kirchenfürsten, die diese Konstruktionen aufrechterhalten zu müssen glauben, um als gute Hirten die ihnen anvertrauten Schäfchen nicht zu verlieren, steht der der französischen Materialisten an Bissigkeit nicht nach. Zugleich jedoch macht Schopenhauer keinen Hehl daraus, dass er sich mit ebenso großer Selbstverständlichkeit den Mystikern Meister Eckhart und Angelus Silesius verbunden fühlt und die Alleinheitslehre der Upanishaden, der »Geheimlehre« der indischen Veden, als eine kongeniale Vorwegnahme seiner eigenen Metaphysik sieht.

Dramatisch wirkt sich diese Ambivalenz insbesondere in Schopenhauers *Religionsphilosophie* aus. Schopenhauer spart nicht mit positiven Kommentaren zu den Inhalten vieler Religionen und ihrer Fähigkeit, das bedrängte Individuum zu beruhigen und Trost im Leiden zu spenden. Wiederholt macht er auf die großen Übereinstimmungen aufmerksam, die zwischen seiner eigenen Auffassung vom Leben als Leiden und den diesbezüglichen Lehren des Buddhismus und des Christentums bestehen. Beiden Religionen rechnet er hoch an, dass sie sich der Aussöhnung mit den Realitäten des Lebens verweigern und mit dem Bestehenden keine Kompromisse schließen, sondern ihre Hoffnung stattdessen auf eine wie immer geartete Erlösung in einem Reich jenseits von Raum und Zeit setzen. Als »Volksmetaphysik« übernehmen sie für den Normalmenschen darüber hinaus weitgehend dieselben Funktionen, die die Metaphysik für die Gebildeten übernimmt. Sie befriedigen das »metaphysische Bedürfnis« nach Letzterklärung und Sinnfindung, sie heben »den Menschen über sich selbst und das zeitliche Daseyn hinaus«, sie dienen als »unentbehrlicher Trost in den schweren Leiden des Lebens« (III, 195) und als unentbehrliche Motivationsstütze für die Moral (X, 432).

Zugleich leiden die Religionen an einem entscheidenden Makel: Sie sind, wörtlich verstanden, falsch. Sie enthalten zwar einen Kern an metaphysischer und moralischer Wahrheit. Aber sie kleiden diesen Wahrheitskern in das »Gewand der Lüge« (X, 369), indem sie die Menschen glauben machen, die religiösen Bilder und Geschichten, die diese Wahrheit transportieren, seien wortwörtlich wahr. Diese Bilder und Geschichten sind jedoch nicht mehr als Bilder und Geschichten, nämlich Fiktionen, Allegorien und Mythen. Dass sie Fiktionen sind, können sie allerdings nicht offen zugeben, da sie, um ihre Funktionen zu erfüllen, mit dem Anspruch auf Wahrheit auftreten müssen. Nur wenn sie im wörtlichen Sinne verstanden und geglaubt werden, vermögen sie ihre Orientierungsfunktion für einfache Gemüter auszuüben. Die Religionen befinden sich damit in einem Dilemma, dem sie sich nur um den Preis der Selbstaufgabe entziehen können. Sie sind auf Fiktionen angewiesen, die »ihre allegorische Natur nie eingestehen dürfen, sondern sich als *sensu proprio* wahr zu behaupten haben« (III, 195).

Dieses Dilemma ist sowohl ein theoretisches als auch ein praktisches – und zu allen Zeiten ein hochpolitisches: Weil die Religionen die fiktive Natur der Gegenstände ihres Glaubens nicht offen eingestehen dürfen, wenn sie nicht ihre Funktion einbüßen wollen, leben sie in chronischem Unfrieden miteinander. Sie schließen sich wechselseitig aus, weil sich ihre jeweiligen Bilder, Mythologien und Allegorien ausschließen, obwohl diese weitgehend dieselben Inhalte haben. Keine Religion kann ihre fundamentale Übereinstimmung mit allen anderen Religionen offen einräumen, da sie ansonsten die Bedeutung der Allegorien, in die sie ihre Inhalte einkleidet, relativieren würde. Religiöse Glaubenssysteme würden sich selbst in Frage stellen, würden sie nicht auf der Gültigkeit ihrer besonderen Allegorien bestehen und alle anderen als ketzerisch oder heidnisch verteufeln.

Die Angewiesenheit der Religionen auf wörtlich verstandene Mythen und Allegorien erklärt nach Schopenhauer auch, warum Philosophie und Wissenschaft die geborenen Feinde der Religion sind, mögen sie in ihren Inhalten ansonsten noch so sehr übereinstimmen. Indem Philosophie und Wissenschaft das Lebenselement der Religionen, das Übernatürliche, in Zweifel ziehen, nehmen sie der Religion genau das, wodurch sie sich von der Philosophie unterscheidet, ihre emotionale Faszination. Der Zauber, mit dem die Religion die Herzen bezwingt, ist nicht ihr metaphysischer oder moralischer Inhalt (hier wäre die Philosophie mindestens ebenso kompetent), vielmehr liegt er gerade in ihren »Widersinnigkeiten« und »Absurditäten«. (III, 194) Nur das Wunderbare und Unglaubliche verschaffen ihr Glaubwürdigkeit. Deshalb ist angesichts einer zunehmend von der Wissenschaft entzauberten Welt für Schopenhauer das Ende der Religionen besiegelt, ihr Absterben nur noch eine Frage der Zeit: »Die Menschheit wächst die Religion aus, wie ein Kinderkleid; und da ist kein Halten; es platzt.« (X, 432)

Angesichts der heutigen, zunehmend fundamentalistischen Welt erscheint diese Prognose allerdings mehr als leichtsinnig. David Hume, Schopenhauers religionskritischer Vorgänger, war in dieser Hinsicht vor- und klarsichtiger. Darüber hinaus kann man bezweifeln, ob die Gewissheit, mit der Schopenhauer das baldige Ende der Religionen prognostiziert, mit seiner eigenen Anthropologie vereinbar ist. Denn Schopenhauers Bild vom Menschen beruht wesentlich auf der Annahme, dass die Vernunft gegen das Gefühl wenig ausrichtet. Ihr Geburtsfehler sei es, gegenüber den Affekten letztlich ohnmächtig zu sein. Daraus folgt, dass in demselben Maße, in dem sich Vernunft und Wissenschaft als unfähig erweisen, das Bedürfnis nach metaphysischer und ethischer Gewissheit zu befriedigen, die Verlockungen der Religion und anderer Heilslehren attraktiv bleiben. Gerade vor dem Hintergrund von Schopenhauers Vernunftskepsis kann es nicht als ausgemacht gelten, dass die Philosophie mit ihrem notorischen Mangel an Charisma die Konkurrenz um metaphysische und ethische Orientierung bestehen kann.

Ein Denker der Gegensätze ist Schopenhauer nicht nur durch die inhaltliche Polarität von Rationalismus und Mystik, Aufklärung und Romantizismus, sondern auch durch ein formales Spannungsverhältnis, das seine Philosophie durchzieht und auf das insbesondere Thomas Mann in seinem Schopenhauer-Essay aufmerksam gemacht hat (Mann 1957, 179f.): das Spannungsverhältnis, in dem in Schopenhauers Philosophie Inhalt und Form, Gegenstand und Darstellungsweise stehen. Thema dieser Philosophie ist die Abgründigkeit des Übels und die Aussichtslosigkeit, diesem Übel zu wehren: Die Welt ist die Hölle und keinem ist diese Hölle zu wünschen. Aber die Hölle wird bei Schopenhauer in der vollendetsten Prosa beschrieben – ähnlich wie bei Dante in den vollendetsten Versen –, was jene Behauptung ein Stück weit widerlegt: Eine Welt, in der solche sprachlichen Höhepunkte möglich sind, kann nicht die allerschlechteste sein. In der Tat zählt Schopenhauers Prosa neben der Nietzsches zu der vollendetsten der deutschsprachigen Philosophie, insbesondere dank ihrer ungewöhnlichen Lebendigkeit. Wie Platon und Kant seine philosophischen Vorbilder sind, ist Goethe (mit dem zusammen er seine Farbenlehre entwickelte) sein künstlerisches, was sich unter anderem darin zeigt, dass er keinen anderen Autor häufiger zitiert.

In seinem späten Essay *Über Schriftstellerei und Stil* hat Schopenhauer freimütig Rechenschaft darüber abgelegt, worauf es ihm beim Schreiben ankommt und worauf es jedem, der gut schreiben will, ankommen sollte. Die wichtigste Bedingung ist, etwas zu sagen zu haben und nicht um des Schreibens willen zu schreiben. Dass Schopenhauer selbst etwas zu sagen hat, zeigt sich in jedem seiner Sätze. Diese Sprache ist nicht nur an der Stilkunst der antiken Schriftsteller geschult, mit denen Schopenhauer bestens vertraut war (seine Bildung erstreckte sich mehr oder weniger auf die gesamte europäische Literatur), sie hat auch eine spürbare Lebendigkeit, eine aus einem echten Ausdrucksbedürfnis herrührende Dynamik. Es ist deshalb nicht verwunderlich, dass Schopenhauer in der zweiten Hälfte des 19. Jahrhunderts vorwiegend als Schriftsteller rezipiert worden ist. Ähnlich wie viele seiner Wahlverwandten, etwa Meister Eckhart, Balthasar Gracián, Georg Christoph Lichtenberg oder Voltaire, nimmt Schopenhauer, der auch Gedichte und Fabeln geschrieben hat, eine Zwischenstellung zwischen Philosophie und Literatur ein.

Aber die schriftstellerischen Qualitäten Schopenhauers, die es so schwierig machen, *über* ihn zu schreiben, ohne ihn, der fast alles besser gesagt hat, im Wortlaut zu zitieren, sind nichts Äußerliches. Sie stehen in engem Zusammenhang mit seinem Verständnis von der Aufgabe der Philosophie. In der Bildhaftigkeit seiner Sprache findet man sein Insistieren auf *anschaulichem* Denken wieder, in der Konkretheit seiner Beschreibungen seine Überzeugung, dass Philosophie *erfahrungsnah* und von *Realproblemen* statt von Schulproblemen inspiriert sein muss, wenn sie etwas zu sagen haben will. Außerdem ist es für ihn, der Dunkelheit schlicht für Stümperei oder, schlimmer, Betrug am Leser hält, selbstverständlich, dass Klarheit, Verständlichkeit und Schnörkellosigkeit der Schreibweise erste Philosophenpflicht sind: »[Es] ist nichts leichter, als so zu schreiben, daß kein Mensch es versteht; wie hingegen nichts schwerer, als bedeutende Gedanken so auszudrücken, daß Jeder sie verstehen muß.« (X, 565 f.)

Mindestens ebenso bezeichnend für ihn ist, dass er »Höflichkeit« in der Literatur für unangebracht und sogar für schädlich hält. (X, 558) »Nackt« sei die Wahrheit am schönsten. (X, 572) Und in der Tat betätigt sich Schopenhauer befremdlich häufig als verbaler Grobian. Vor karikaturhaften Verunglimpfungen schreckt er ebenso wenig zurück wie vor übertriebenem Lob, etwa wenn er schreibt: »Aus jeder Seite von *David Hume* ist mehr zu lernen, als aus Hegels, Herbarts und Schleiermachers sämmtlichen philosophischen Werken zusammengenommen.« (IV, 682) Und nahezu schubartig bricht er in Invektiven gegen Hegel, Fichte, Schelling und die Dänische Societät der Wissenschaften aus, die ihm für seine *Preisschrift über das Fundament der Moral* – vor allem wegen der darin enthaltenen Beschimpfungen Hegels – den Preis nicht zuerkannt hat, obwohl er als Einziger eine Schrift eingereicht hatte. Während Schopenhauer als Schriftsteller, wie ihm selbst seine Gegner zugestehen, nahezu immer interessant ist, ist er dann, wenn er um sich schlägt, langatmig und schwer erträglich.

Dieser immer wieder durchbrechenden Feindseligkeit gegen sein intellektuelles Umfeld lässt sich allerdings auch etwas Positives abgewinnen, bildet sie doch die Kehrseite einer in ihrer Konsequenz bemerkenswerten Radikalität des Infragestellens. Schopenhauer ist ein Denker, der sich nicht beeindrucken lässt, vor allem nicht durch Pathos und erhabene Gesten. Jede Emphase weckt seinen Widerspruchsgeist, so beispielsweise Kants emphatische Inthronisierung der Menschenwürde als höchstes Moralprinzip, das Schopenhauer für das hält, was man heute eine Leerformel nennt, einen »bedeutend klingenden und daher für alle die, welche gern eine Formel haben mögen, die sie alles fernern Denkens überhebt, überaus geeigneten Satz«, der »aber beim Lichte betrachtet […] ein höchst vager, unbestimmter, seine Absicht ganz indirekt erreichender Ausspruch [ist], der für jeden Fall seiner Anwendung erst besonderer Erklärung, Bestimmung und Modifikation bedarf, so allgemein genommen aber ungenügend wenig sagend und noch dazu problematisch ist« (II, 434 f.).

Keiner hat sich mit größerer Unbeirrbarkeit Kants Maxime des Selbstdenkens zu eigen gemacht. Deshalb hat Schopenhauer nur Verachtung übrig für die Kollegen, die sich von Mächtigen abhängig machen oder aus Existenzgründen machen müssen. Biografisch hatte dieser Unabhängigkeitsdrang gelegentlich kauzige Züge. Er ging einher mit einem systematischen Misstrauen, einem verkrampften Autarkiestreben und einem übertriebenen Sicherheitsbedürfnis. So wohnte er zum Beispiel im Erdgeschoss, um im Notfall schneller fliehen zu können. Aus heutiger Sicht ist es allerdings ein Glücksfall, dass Schopenhauer von seinem Vater nicht nur den unbändigen Drang nach Unabhängigkeit erbte (der Vater hatte sein Geschäft aus der Freien Stadt Danzig nach Hamburg verlegt, um nicht Untertan des preußischen Königs zu werden), sondern auch das Vermögen, das ihn zeitlebens wirtschaftlich unabhängig machte. Ohne diese äußere Sicherheit wäre der von seinem Charakter her leicht zu verunsichernde Schopenhauer wohl kaum zu demjenigen »Denker gegen den Strom« (Hübscher 1973) geworden, der es wagt, gegen die Grundtendenz des gesamten abendländischen Denkens anzudenken und die herkömmliche Seinsordnung geradewegs auf den Kopf zu stellen. Kein anderer Philosoph hat mit vergleichbarer Radikalität den optimistischen Grundzug der großen metaphysischen Systeme des Westens durchschaut und als realitätsfremd kritisiert. Vorstellungen wie die, dass »hinter« der Erfahrungswelt eine Welt vollkommener Ideen, ein gütiger Gott oder die reine Vernunft oder dass in der Geschichte ein Heils- oder Fortschrittsprinzip walte, werden von Schopenhauer schlicht als Wunschdenken abgetan und durch das ernüchternde Bild des Kreislaufs eines nicht heilbaren Unheils ersetzt. Kein anderer Philosoph vor ihm hat sich so gründlich darüber verwundert, dass die Philosophen in der Mehrzahl Vernunft statt Unvernunft, Geist statt Ungeist, Zweck statt Zufall in der Welt am Werke sehen, ein gutes statt ein böses welterschaffendes Prinzip postulieren und die Transzendenz, zumindest in ihren höchsten Regionen, mit Idealgestalten bevölkern und gar nicht auf den Gedanken kommen, dass hinter allem möglicherweise ein dämonisches und teuflisches statt ein göttliches Prinzip steckt.

Für Schopenhauer ist offenkundig, dass die Erfahrung aller Zeiten und Völker und vor allem die Erfahrung der vor Gräueltaten überbordenden Menschheitsgeschichte auf ein solches teuflisch-bösartiges Prinzip hindeutet. Er nennt es »Wille«.

Anthropologie des Willens:
die sekundäre Rolle der Vernunft

Wenn Schopenhauer den Begriff des *Willens* in den Mittelpunkt seiner Metaphysik stellt, so ist es zunächst nicht leicht, sich des Eindrucks zu erwehren, er übertrage einen Terminus, der sinnvoll nur auf bewusstseinsfähige Wesen wie Menschen und Tiere angewendet werden kann, illegitimerweise auf Prozesse, in denen lediglich Naturgesetze wirken und die völlig ohne Bewusstsein ablaufen. Dieser Eindruck ist nicht ganz unbegründet. Spricht Schopenhauer – wie in dem Titel der Schrift, die die Richtigkeit seiner Metaphysik mit den Befunden der Naturwissenschaften belegen will – von einem »Willen in der Natur«, dann scheint es, als anthropomorphisiere er die Natur und projiziere charakteristisch menschliche Regungen in bewusstseinslose Wesen wie Tiere, Bäume und Dinge hinein. Indem er den Begriff »Wille« auch – und sogar primär – auf psychische Prozesse im Menschen anwendet, deren sich das Subjekt nicht bewusst ist oder nicht einmal bewusst werden kann, erzeugt er den Eindruck, als lege er in den Menschen eine Art Homunkulus hinein, der unabhängig vom bewussten Ich wollen und dessen bewusste Willensregungen sogar konterkarieren kann. Sind das lediglich poetisierende Sprechweisen oder sollte sich Schopenhauer tatsächlich ins Märchenland verirrt haben, wo Tiere, Bäume und Dinge nicht nur wollen und handeln, sondern auch denken und sprechen können?
Die Redeweise vom »Willen« lässt sich auch sehr viel weniger märchenhaft verstehen. Worauf die für Schopenhauer charakteristische Ausdehnung der Reichweite des Begriffs »Wille« hinweisen soll, sind die offenkundigen Analogien, die zwischen bewusstem menschlichem Wollen und anderen Prozessen einer gerichteten Dynamik in der äußeren Natur

wie in unserer eigenen Natur bestehen, das Gemeinsame von bewusstem Wollen, unbewussten Trieben und natürlichem Lebensdrang. Schopenhauer geht es darum, klarzustellen, dass dem, was wir in der Alltagssprache »Wollen« nennen, kein Sonderstatus zukommt, sondern dass dieser Wille eine Ausformung der in der Natur insgesamt herrschenden Dynamik ist. Nicht nur der Triebdruck und die verschiedenen Formen eines »dunklen Drangs«, den wir in uns spüren, sondern auch die Prozesse, die wir in der nichtmenschlichen Natur beobachten können, haben sehr viel mehr gemeinsam mit dem bewussten Wollen, als es die abendländische Tradition der Philosophie überwiegend zugesteht. Im Unterschied zum platonisch-dualistischen Bild vom Menschen, das dem Menschen eine ontologische Sonderstellung im Ganzen der Natur zuweist und die Grenze zwischen Mensch und übriger Natur zu einer unüberwindlichen Kluft vertieft, geht es Schopenhauer darum, den Blick auf die fundamentalen Übereinstimmungen zu lenken, die unser eigenes Wesen mit dem Wesen der übrigen Natur verbinden. Als »wesentlich« kann man das auszeichnen, was etwas von anderem unterscheidet, aber auch das, was es mit anderem gemeinsam hat. Nahezu die gesamte philosophische Tradition des Westens hat das »Wesentliche« des Menschen in dem gesehen, was ihn von der übrigen Natur unterscheidet, also in seiner weitgehenden Triebentbundenheit, seiner Vernunft- und Moralfähigkeit. Schopenhauer leugnet diese Spezifika des Menschen keineswegs. Aber ihm geht es darum, die einseitige Betonung der menschlichen Sonderstellung im Ganzen des Seienden zu korrigieren. Diesem und keinem anderen Zweck dient der Aufweis der Gemeinsamkeiten zwischen menschlicher und natürlicher Dynamik im Zeichen des »Willens«. Was der Mensch in sich als Wollen erfährt, ist lediglich eine – durch ihre unmittelbare Erfahrbarkeit herausgehobene – Facette eines übergreifenden, die Natur in ihrer Gesamtheit durchherrschenden Prozesses.

Die strukturellen Ähnlichkeiten zwischen bewusstem Wollen

und anderen Formen natürlicher Dynamik sind allerdings nur eine Seite der Sache. Eine andere ist deren gemeinsamer Ursprung. Der Ausdruck »Wille« soll auch darauf hinweisen, dass das menschliche Wollen seinen Ursprung in denselben Quellen hat, auf die auch die tierischen Instinkte, die pflanzlichen Entwicklungsprinzipien und die kosmischen Bewegungsgesetze zurückgehen. Auch seiner Entstehung nach kommt dem menschlichen Willen keine Sonderrolle zu. Das sich im Menschen und in den höheren Tieren bewusst und im Menschen selbstbewusst-reflektiert vollziehende Wollen hat dieselben natürlichen Wurzeln wie die in der übrigen Natur zu beobachtende Dynamik.

Dass Schopenhauer den Begriff des Willens wählt, um das Gemeinsame zu benennen, das er in der Vielfalt der Naturphänomene am Werke sieht, ist insofern gut motiviert. Darüber hinaus empfiehlt sich »Wille« als unverbrauchter Terminus, der die Aufmerksamkeit stärker fesselt als inhaltlich verwandte Termini der philosophischen Tradition wie *appetitus* oder *conatus*. Andererseits ist die Wahl des »Willens« als übergreifendes Konzept zur Charakterisierung von strukturell ähnlichen, aber in anderen Hinsichten sehr heterogenen Prozessen nicht ganz risikolos. Die Gefahr ist nicht von der Hand zu weisen, dass der von Schopenhauer weit über seine Alltagsbedeutung hinaus ausgeweitete Begriff des »Willens« fälschlich mit der Alltagsbedeutung identifiziert wird, sodass auf diese Weise Vorgänge in der belebten und unbelebten Natur unberechtigterweise personifiziert würden. Eine weitere Gefahr, der Schopenhauer selbst nicht immer konsequent genug aus dem Weg geht, liegt darin, dass nicht hinreichend zwischen den verschiedenen *Stufen* der Ausweitung der Bedeutung von »Wille« unterschieden wird, von denen Schopenhauer implizit ausgeht. Denn so, wie er den Begriff verwendet, gibt es nicht nur den Willen im alltagssprachlichen Sinn und den »Weltwillen« im Sinne der übergreifenden Entwicklungsdynamik der Natur, sondern zusätzlich eine Reihe von Zwischenstufen.

In seiner Anthropologie verwendet Schopenhauer den Ausdruck »Wille« vorwiegend in zwei über den Alltagssinn hinausgehenden Bedeutungen: einmal als Begriff, der die Gesamtheit motivationaler und affektiver psychischer Phänomene umfasst, ein andermal als Begriff, der die Quelle der so bezeichneten Phänomene benennt. Beide Begriffe weichen vom Alltagssinn signifikant ab, können sich aber auf philosophische Vorgänger berufen, die Schopenhauer auch ausdrücklich anführt. Im ersten Sinn meint »Wille« die Summe aller psychischen Phänomene, die man der Sphäre der Antriebe und Gefühle zurechnen kann. In diesem Sinn hat bereits Augustinus Gefühlsregungen wie Freude und Trauer als Willensphänomene aufgefasst. Schopenhauer geht allerdings über Augustinus hinaus, indem er neben Motiven, Wünschen, Strebungen, Gefühlen, Stimmungen und gefühlshaft getönten Einstellungen auch Lust- und Unlustempfindungen zu den Willensphänomenen rechnet. Für berechtigt hält er sich dazu durch die wichtige Rolle, die solche Empfindungen (anders als die durch die fünf Sinne vermittelten und sonstigen hedonistisch neutralen Empfindungen) für die Verhaltensmotivation spielen. Sie seien »Vorbereitungen« zu Willensakten. (IV, 437) In seiner zweiten Bedeutung meint »Wille« so etwas wie »Triebenergie« oder »psychische Energie«. Dieser Begriff ist dem verwandt, was Spinoza *conatus* genannt hat: ein ohne Zutun des Bewusstseins ablaufender und auf Selbsterhaltung und Fortpflanzung gerichteter Prozess.

Entscheidend für das Verständnis von Schopenhauers Anthropologie ist, dass in beiden Bedeutungen »Wille« etwas von der jeweiligen Person weitestgehend Unabhängiges und Autonomes bezeichnet. Zwar sind die motivationalen und emotionalen Phänomene, für die »Wille« in seiner ersten Bedeutung steht, zumindest teilweise dem Bewusstsein zugänglich. Sie gehören zu den Phänomenen, die uns unmittelbar bekannt und vertraut sind. Aber der so verstandene »Wille« ist nur zu einem kleinen Teil unser eigener Wille. Er ist etwas, was in uns wirkt, aber dabei nur in Grenzen steuerbar ist. Diesem »Willen« sind wir meistenteils passiv ausgesetzt. Die Mehrzahl unserer Motivationen, Emotionen, Stimmungen und Lust- beziehungsweise Unlustempfindungen entzieht sich einem willentlichen Zugriff und stellt sich unserem bewussten Willen sogar oft genug in den Weg, etwa als übermächtiges Gefühl, unwiderstehliches Verlangen oder unüberwindbare Hemmung. Den Großteil der Willensphänomene in Schopenhauers erster Bedeutung machen Widerfahrnisse aus, denen gegenüber wir nur in engen Grenzen souverän sind. Bezeichnend dafür ist, dass Schopenhauer gerade das sexuelle Verlangen zum Paradigma des Willens macht. Dieser »Wille« ist anders als der Wille im alltagssprachlichen Sinn nichts, was aktiv und autonom in die Welt eingreift, sondern eine *passio*, etwas Erlittenes. Er ist darüber hinaus etwas hochgradig Unpersönliches, Überindividuelles, Ursprüngliches.

Auch in seiner zweiten Bedeutung als Triebenergie ist der Wille unpersönlich. Wo immer sich Schopenhauer auf den »Willen« in diesem Sinn bezieht, ähneln seine Redeweisen denen Freuds – beide favorisieren in ihren Beschreibungen das hydraulische Modell, das auch unsere geläufigen Sprechweisen nahelegen: Der Trieb verhält sich wie eine Flüssigkeit in einem Röhrensystem, die »anflutet«, »abebbt«, »Druck erzeugt« und das Bewusstsein gelegentlich »überschwemmt«. Der Strom psychischer Energie bewegt sich in einem »beständigen Ebben und Fluthen«. (VI, 52) Solange er ungehindert fließt, verspüren wir Lust, sobald er gehemmt wird, Unlust – wobei Schopenhauer Psychologe genug ist, um zu sehen, dass dieses Modell im Grunde zu einfach ist, um der Komplexität unserer Gestimmtheiten gerecht zu werden. Lust und Unlust können sich auch mischen, etwa wenn »wir einen wichtigen, entscheidenden Brief erwarten und er ausbleibt« (X, 644).

Mit seinem erweiterten Willensbegriff gibt Schopenhauer der Einsicht Ausdruck, dass wir meistenteils von Strebungen geleitet sind, die dauerhaft unbewusst bleiben und dennoch insofern *gerichtet* sind, als sie auf die Herstellung bestimmter Zustände zielen. Diese Strebungen nehmen eine Zwischenstellung zwischen autonomen Prozessen im Nervensystem und bewussten Vorgängen ein. Die Eigenschaft, dem Bewusstsein unzugänglich zu sein, haben sie mit den im Nervensystem ablaufenden autonomen Prozessen gemeinsam, die Eigenschaft, gerichtet zu sein, mit den intentional auf bestimmte Handlungen oder die Herstellung bestimmter Zustände bezogenen Willensakten im Alltagssinn. Am ehesten ähneln sie den auf die Erreichung bestimmter vorgegebener Gleichgewichtszustände gerichteten physiologischen Prozessen, die seit Claude Bernard »homöostatisch« genannt werden, unterscheiden sich von ihnen jedoch dadurch, dass sie, obwohl selbst dauerhaft unbewusst, mit Bewusstseinsvorgängen in engem Zusammenhang stehen. Anders als rein physiologische, auf die Herstellung von Gleichgewichten gerichtete Systeme wie der »Wärmehaushalt« des Körpers lassen sich die psychischen Gleichgewichte und Ungleichgewichte aus dem, was im Bewusstsein vorgeht, zumindest teilweise erschließen, so wie diese umgekehrt das, was sich im Bewusstsein abspielt, zumindest teilweise erklären.

Ein von Schopenhauer angeführtes Beispiel für eine solche gerichtete und insofern willensähnliche, aber gegen das Bewusstsein abgeschirmte Aktion des »Willens« ist die *Verdrängung* unerwünschter Bewusstseinsinhalte. Bestimmte Inhalte werden aus dem Gedächtnis getilgt oder gar nicht erst bewusst zur Kenntnis genommen, weil sie andernfalls die Selbstachtung beeinträchtigen und damit das seelische Gleichgewicht gefährden könnten. Dazu gehören insbesondere unerwünschte Wünsche und Motive, etwa Todeswünsche gegen nahe Verwandte oder Motive wie Schadenfreude oder Rache, zu denen man sich, da sie gesellschaftlich tabuiert sind, nicht nur nicht öffentlich bekennen kann, sondern die man auch vor sich selbst zu verbergen gute Gründe hat: »Wir können Jahre lang einen Wunsch hegen, ohne ihn uns einzugestehn, oder auch nur zum klaren Bewußtseyn kommen zu lassen; weil der Intellekt nicht davon erfahren soll; indem die gute Meinung, welche wir von uns selbst haben, dabei zu leiden hätte: wird er aber erfüllt, so erfahren wir an unserer Freude, nicht ohne Beschämung, daß wir Dies gewünscht haben: z. B. den Tod eines nahen Anverwandten, den wir beerben. Und was wir eigentlich fürchten, wissen wir bisweilen nicht; weil uns der Muth fehlt, es uns zum klaren Bewußtseyn zu bringen.« (III, 244)

Als Verdrängungsvorgang interpretiert Schopenhauer auch die Schizophrenie, für die er sich besonders in seiner Berliner Zeit (1811–13) interessierte, wobei er anders als der spekulative Mainstream der damaligen Psychiatrie eine ganz und gar empirische Erklärung versucht, unter anderem aufgrund der näheren Beschäftigung mit zwei Patienten der Berliner Charité, die er mehrfach besuchte. (Vgl. Zentner 1995, 16 ff.) Für Schopenhauer ist der mit der Schizophrenie einhergehende Realitätsverlust und Rückzug in eine Privatwelt von Halluzinationen die Reaktion des Organismus auf unerträgliche biografische Erfahrungen, ein »Lethe übergroßer Schmerzen«. Der Geist tilgt, weil er sie nicht ertragen könnte, die Spuren seelischer Qualen und füllt die Erinnerungslücken mit Wahngebilden auf. Ähnlich einem Fieber, das die Abwehr einer bakteriellen Infektion anzeigt, sei der Wahnsinn das »Heilmittel«, mit dem der »gepeinigte Geist gleichsam den Faden der Rückerinnerung zerreißt und die Lücke, welche dadurch entsteht, ausfüllt mit den ersten besten Fiktionen«. (Schopenhauer 1986, 396)

Als eine unbewusste Dynamik mit ähnlich schwerwiegenden Folgen für das bewusste Erleben interpretiert Schopenhauer die Sexualität. Auch sie ist ein gerichteter Vorgang, der sich für das Erleben des Subjekts nicht stets und notwendig und wenn doch, dann nur bruchstückhaft in seiner – biologisch programmierten – Zielrichtung offenbart. Das Beispiel Sexualität ermöglicht Schopenhauer eine besonders plastische Demonstration seiner These, dass bewusste und unbe-

wusste Absichten in gänzlich verschiedene Richtungen gehen und wir uns über die Quasiabsichten, die die Natur mit
unserem Gefühlsleben verfolgt, nachhaltig täuschen können.
Während es dem Individuum bei der Liebe an erster Stelle
um die Vereinigung der Herzen geht, geht es der Natur in erster Linie um die – bei der romantischen Liebe typischerweise
ausgeblendete – körperliche Vereinigung. Während der Einzelne gänzlich auf den individuellen Liebespartner fixiert ist,
geht es der Natur allein um das Wohl der Gattung, das heißt
um die Erzeugung lebenstüchtigen Nachwuchses: »Was [...]
den Menschen hiebei leitet, ist wirklich ein Instinkt, der auf
das Beste der Gattung gerichtet ist, während der Mensch
selbst bloß den erhöhten eigenen Genuß zu suchen wähnt.«
(IV, 631) Nur weil die Fortpflanzung als Sicherung des Überlebens der Gattung für die Natur von so überragender Bedeutung ist, hat sie für das menschliche Erleben die über-
ragende Bedeutung, die ihr in allen Kulturen und Zeiten
zugesprochen wird und die dazu geführt hat, dass kaum ein
Roman und kaum ein Theaterstück ohne Liebesgeschichte
auskommt. (IV, 621)
Tatsächlich scheint Schopenhauer in diesem Punkt neueste
Forschungsergebnisse der evolutionären Psychologie zu anti-
zipieren. Denn nach dem heutigen Kenntnisstand hängt die
Wahl des Sexualpartners nicht nur bei verschiedenen Säu-
getierarten, sondern auch bei Menschen von der Identifikation komplementärer Immungene ab, durch die das Immun-
system der Nachkommen optimiert und auf diese Weise »das
Beste der Gattung«, zumindest hinsichtlich des Schutzes vor
Infektionen, sichergestellt wird. Die Identifikation dieser
Gene erfolgt dabei völlig unbewusst durch unterschwellige
Geruchsreize. (Vgl. Milinski 2003, 334) Auf diese Weise er-
klärt sich für Schopenhauer auch die auf den ersten Blick
paradoxe Tatsache, dass die Liebe – in der Gestalt des Ver-
liebtseins – so häufig Züge des Widervernünftigen und
Wahnhaften annimmt. Woher rührt diese Überwertigkeit der
Liebe, für die viele Menschen bereit sind, so vieles andere,

was ihnen wichtig ist, aufs Spiel zu setzen? Schopenhauers Erklärung ist auch hier wieder funktional und biologisch: Wäre der erotische Rausch nicht so überwältigend, gelänge es der Natur nicht, den Egoismus, der ansonsten das menschliche Verhalten bestimmt, zu ihren eigenen Zwecken zu überwinden. In der Liebe sieht sich die Natur gewissermaßen genötigt, den von ihr als habituelle Motivation eingepflanzten Egoismus ausnahmsweise zu neutralisieren. Die Liebe ist eine der wenigen Emotionen, in denen sich unser Interesse genuin und selbstlos auf einen anderen Menschen richtet.

Mit ähnlich naturalistischen Mitteln, die auf die soziobiologische Theorie des egoistischen Gens vorausweisen, erklärt Schopenhauer die ausgeprägte männliche Neigung zur Polygamie. Da der Natur lediglich an der Zahl der Kinder liegt, sei es für sie nur konsequent, angesichts der Unterschiede in den Beiträgen zur Fortpflanzung die Neigung zur Polygamie ungleich auf die Geschlechter zu verteilen. Der Mann könne »bequem über hundert Kinder im Jahre zeugen, wenn ihm ebenso viele Weiber zu Gebote stehn; das Weib hingegen könnte, mit noch so vielen Männern doch nur ein Kind im Jahr (von Zwillingsgeburten abgesehn) zur Welt bringen« (IV, 634).

In diesen Bemerkungen zeichnet sich ab, wie sehr Schopenhauer daran liegt, dem »Willen«, das heißt dem Emotional-Strebungshaften, den Vorrang gegenüber dem »Erkennen«, den kognitiven Funktionen einschließlich Wahrnehmung und Denken, zuzuweisen. Wiewohl die Vernunft das ist, was den Menschen in dem Sinne definiert, dass es ihn von den übrigen Tieren unterscheidet, so ist der Kern des Menschen doch nicht seine Vernunft, sondern seine Affektivität und seine in den Affekten unübersehbar zum Ausdruck kommende Triebnatur. Wenngleich seine besondere Eigenart durch die Vernunft bestimmt ist, ist doch sein konkretes Leben ganz überwiegend vom »Willen« bestimmt, mithin von dem, was er mit den höheren Tieren gemeinsam hat.

Die These vom Vorrang des Affektiven gegenüber dem Kognitiven weist bei Schopenhauer mehrere miteinander verbundene, aber klar unterscheidbare Aspekte auf. Der erste ist der *entwicklungsgeschichtliche*. Unter dem Einfluss der französischen Materialisten und des Biologen Jean-Baptiste de Lamarck nähert sich Schopenhauer der evolutionistischen Sichtweise von der Entstehung menschlicher Fähigkeiten als Ergebnis einer sich durch die Entwicklungsgeschichte des Menschen hindurchziehenden Rivalität um knappe Überlebensressourcen und Fortpflanzungschancen. Auch die Abstammung des Menschen vom Affen steht für ihn außer Frage. Die Vernunft ist für Schopenhauer ein Produkt der Evolution, das sich ebenso wie die physischen Fähigkeiten des Menschen als ein Mittel der blinden Natur zur Erhaltung und Fortpflanzung ihrer Wesen entwickelt hat: »Nicht ein Intellekt hat die Natur hervorgebracht, sondern die Natur den Intellekt.« (V, 238) Schon deshalb kann die Welt nicht von einer Vernunft hervorgebracht worden sein, wie immer diese Vernunft im Einzelnen vorgestellt wird, ob als Vernunft eines persönlichen Gottes oder als ein unpersönliches Vernunftprinzip.

Sofern die Welt überhaupt jemals entstanden ist, kann sie nicht durch den bewussten Akt eines Weltschöpfers oder einer wie immer gearteten Intelligenz geschaffen worden sein. Dazu ist die Vernunft »zu spät« in die Welt gekommen. Aber auch von einem Bewusstsein kann die Welt nicht erdacht worden sein. Das Bewusstsein ist eine Errungenschaft, die die Natur nicht von Anfang an besaß, sondern die erst dann auftauchte, als es zur Erhaltung der Gattung unerlässlich war. Schopenhauer umschreibt diesen Prozess der Emergenz des Bewusstseins aus dem Unbewussten – unter Zuhilfenahme einer wörtlich verstanden höchst bedenklichen Personalisierung des Weltwillens – so: »Der Wille, der bis hieher im Dunkeln, höchst sicher und unfehlbar, seinen Trieb verfolgte, hat sich auf dieser Stufe ein Licht angezündet.« (I, 202) In Gestalt des Gehirns »erfindet« die Natur alias der

»Wille« ein Organ, mit dem die bewusstseinsbegabten Tiere einschließlich des Menschen sicherer als auf der Basis bloßer Instinkte ihr Leben leben und weitergeben können. Erst mit diesem Organ entsteht die Erscheinungswelt, so wie wir sie kennen.

Dabei versteht Schopenhauer, anders als es der Ausdruck »Entwicklung« nahelegen mag, diesen Prozess durchaus nicht als Fortschritt zum Besseren und Höheren, sondern gerade umgekehrt als Verschärfung und Intensivierung der dem Prozess als Ganzes zukommenden Sinnlosigkeit und Absurdität. Da der »Weltwille« lediglich Selbsterhaltung und Fortpflanzung als Zwecke kennt, dreht sich die durch ihn angetriebene Entwicklung fortwährend im Kreis. Mit dem Bewusstsein verschärft sich diese Sinnlosigkeit, denn mit ihm tritt das Leiden in die Welt, zunächst bei den Tieren in Gestalt von Schmerz, Angst und Frustration, dann im Menschen in der verschärften Form des Leidens an der Unerfülltheit von Hoffnungen, der Heimsuchung durch Bosheit und Grausamkeit und des Leidens an der Sinnlosigkeit der Welt. Der »Weltwille« ist, metaphorisch gesprochen, ein Egoist. Er will seine eigene Erhaltung, nicht das Glück seiner Geschöpfe. Vernunft und Bewusstsein des Menschen sind für ihn lediglich Mittel, nicht Zweck.

Der zweite Aspekt ist die fortgesetzte *Dienstbarkeit* der Vernunft gegenüber dem Affekt. Nicht nur im Moment ihrer Entstehung stand die Vernunft im Dienst des Willens, sie ist ihm vielmehr dauerhaft dienstbar geblieben, zumindest »fast durchgängig« und bei »beinahe allen Menschen« (I, 204). Das zeigt sich besonders in zwei durch die Erfahrung immer wieder bestätigten Phänomenen: der nahezu vollständigen Machtlosigkeit der Vernunft gegen die Instinkte und in ihrer eng begrenzten Leistungsfähigkeit als Erkenntnisorgan. Als evolutionäres Produkt des »Willens« ist die Vernunft auch da noch das willfährige Werkzeug unbewusster Willensstrebungen, wo sich das Individuum für souverän hält: »Was dem Herzen widerstrebt, läßt der Kopf nicht ein. Manche Irrthümer halten wir unser Leben hindurch fest, und hüten uns, jemals ihren Grund zu prüfen, bloß aus einer uns selber unbewußten Furcht, die Entdeckung machen zu können, daß wir so lange und so oft das Falsche geglaubt und behauptet haben. – So wird denn täglich unser Intellekt durch die Gaukeleien der Neigung bethört und bestochen.« (III, 254)

Abhängig bleibt die Vernunft auch dann, wenn sie störungsfrei funktioniert. Als Vermögen der Erfassung der Beziehungen zwischen Begriffen und Urteilen und des logischen Schlussfolgerns ist sie auf Material aus anderweitigen Quellen angewiesen, vor allem aus der sinnlichen Erfahrung. Sie ist unfähig, im Sinne von Kants »reiner Vernunft« oder Schellings »intellektueller Anschauung« aus sich heraus Erkenntnisse über die Welt zu liefern. In Schopenhauers bildkräftiger Sprache: »Sie ist weiblicher Natur: Sie kann nur geben, nachdem sie empfangen hat.« (I, 86)

Drittens zeigt sich der Vorrang des Affektiven in der *Allgegenwart* des Gefühlshaften. Gefühlshaft gestimmt sind wir nahezu immer; erkennend verhalten wir uns nur zeitweilig: »Der *Intellekt* ermüdet; der *Wille* ist unermüdlich. – Nach anhaltender Kopfarbeit fühlt man die Ermüdung des Gehirnes, wie die des Armes, nach anhaltender Körperarbeit. Alles Erkennen ist mit Anstrengung verknüpft: *Wollen* hingegen ist unser selbsteigenes Wesen, dessen Aeußerungen ohne alle Mühe und völlig von selbst vor sich gehen.« (III, 245 f.)

Dem Menschen scheint das rationale Denken nicht besonders zu liegen. Jedenfalls macht es ihm große Mühe – eine Folge der Tatsache, dass es sich erst in sehr viel jüngerer Zeit evolutiv herausgebildet hat als unser Gefühlsleben. Außerdem ist das rationale Denken dafür, dass es die besondere Kompetenz des Menschen ausmacht, erstaunlich fehleranfällig. Und selbst da, wo es – selten genug – stattfindet, ist es von Gefühlen imprägniert, nicht nur insofern, als jede Tätigkeit einschließlich des Denkens und Erkennens ein Motiv benötigt, das den Antrieb liefert, sondern auch insofern, als

Wahrnehmen, Fürwahrhalten und Schlussfolgern nur selten dem Drängen unserer Wünsche und Strebungen standhalten und wahrhaft objektiv sind. Dass Objektivität überhaupt möglich ist, beweist, dass die Macht des Affektiven Grenzen hat, dass der »Wille« zwar allgegenwärtig, aber nicht allmächtig ist. Objektivität ist für Schopenhauer jedoch nichts Selbstverständliches. Es ist ein selten erreichtes Ideal, erreichbar nur für Ausnahmemenschen und auch für diese nur in Ausnahmemomenten.

Die Anthropologie des Primats des Willens steht bei Schopenhauer in einer engen Beziehung zu seiner aus heutiger Sicht bahnbrechenden Auffassung von der Identität des Bewusstseins mit körperlichen Prozessen, speziell mit Prozessen im Gehirn. In der Tat war Schopenhauer hinsichtlich des Leib-Seele-Problems einer der ersten »Identitätstheoretiker«. Dabei lässt sich die Konzeption der Identität von psychischen und körperlichen Prozessen als Verallgemeinerung der Tatsache deuten, dass der »Wille«, das heißt: die affektiven Komponenten unseres bewussten Erlebens, regelmäßig mit körperlichen Veränderungen einhergeht. Diese nehmen im Einzelnen drei verschiedene Formen an: *Ausdruckserscheinungen*, die für andere erfahrbar und als Symptome des jeweiligen Gefühlszustands deutbar sind, *leibliche Phänomene*, deren wir uns in unseren unmittelbaren Leibempfindungen, der Propriozeption, bewusst werden, und *physiologische* Prozesse, die uns und anderen in der Regel verborgen bleiben und lediglich der Wissenschaft zugänglich sind. Schopenhauer geht zunächst von der Beobachtung aus, dass mit der Intensität des Affektgehalts eines Bewusstseinsphänomens in der Regel auch die Intensität der körperlichen Auswirkungen und der in der Leiberfahrung spürbaren Veränderungen zunimmt. Freude und Zorn beschleunigen nicht nur den Blutfluss und die Atmung (IX, 181), wir erleben bei diesen Emotionen auch unseren eigenen Körper stärker als im affektfreien Zustand. Das besondere Kennzeichen von Schopenhauers Anthropologie ist es nun, dass er es nicht bei diesen psychologischen Beobachtungen belässt, sondern den zunächst rein symptomatischen Zusammenhang zwischen affektivem Zustand und körperlichen Begleiterscheinungen als *Identität* deutet: Die seelische Seite des Affektiven, die gefühlte Emotion, sei ein und dasselbe wie die für sie charakteristische »Aktion des Leibes« (I, 143). Was sich in Emotionen, Stimmungen, Bedürfnissen, Willensakten und lust- oder unlustvollen Empfindungen als Korrelation von seelischen und körperlichen Abläufen darstellt, wird beschrieben als zwei Seiten ein und derselben Sache, des »Willens«, sodass nunmehr der Körper und das Bewusstsein als gleichberechtigte Erscheinungsformen oder, wie Schopenhauer sich ausdrückt, »Objektivationen« des Willens gelten. Der Sache nach identisch, unterscheiden sie sich nur durch die Art und Weise, wie wir ihrer gewahr werden, »durch die Form der Erkennbarkeit« (Schopenhauer 1984, 83).

Aber auch bei den seelischen Phänomenen, an denen der »Wille«, verstanden als Affektgehalt, so geringen Anteil hat, dass eine unverzerrte Objektivität der Wahrnehmung möglich wird, ist die Korrelation so lückenlos, dass Schopenhauer sich berechtigt fühlt, sie als Aspekte *ein und desselben* Vorgangs aufzufassen. Seelische Vorgänge sind so systematisch an körperliche gekoppelt, dass sie als zwei Seiten derselben Sache verstanden werden können. Im Übrigen ist bereits die Gegebenheit des Ausgangsmaterials der Erkenntnis in der sinnlichen Wahrnehmung für Schopenhauer ohne eine Beteiligung des Körpers, das heißt der Sinnesorgane und des Gehirns, nicht vorstellbar. Der Körper ist an jeder Sinneswahrnehmung als »unmittelbares Objekt« beteiligt (I, 49), was terminologisch insofern unglücklich ist, als die sinnesphysiologischen Prozesse der Informationsverarbeitung, die zwischen den auf die Sinnesorgane einwirkenden Reizen und dem Bewusstsein liegen, ihrerseits keineswegs zum Objekt des Bewusstseins werden. Vielmehr vollziehen sich diese Verarbeitungsprozesse ganz überwiegend unbewusst. Gewöhnlich werden wir uns lediglich des Resultats, das aus der »Maschinerie und Fabrikation des Gehirns« (I, 58) hervorgeht, bewusst. Was wir mit den Sinnen erfassen, ist der fertige Seh-, Hör- oder Tasteindruck, nicht die Prozesse, die an seiner Erzeugung mitgewirkt haben. Worauf Schopenhauer mit der Redeweise vom Leib als »unmittelbaren Objekt der Wahrnehmung« die Aufmerksamkeit lenken möchte, ist etwas anderes: die »Hintergrundwahrnehmung« unserer körperlichen Zustände und Vollzüge bei nahezu allen Arten von Bewusstseinsprozessen mit Ausnahme der »entrücktesten«, bei denen wir ganz in einer Sache aufgehen und uns außerhalb von Raum und Zeit zu befinden scheinen. Als von innen wahrgenommener Leib ist unserer Körper fortwährend am Rande unserer Erfahrung präsent. Unsere Erfahrung erinnert uns stets daran, dass wir kein reines Bewusstsein, sondern Wesen aus Fleisch und Blut sind, die sich dem Zugriff des »Willens«, unserer Triebnatur, allenfalls in seltenen Momenten der Kontemplation entziehen können.

Mit der Lokalisierung der Reizverarbeitung im Körper und insbesondere im Nervensystem vollzieht Schopenhauer, wie bereits oben angedeutet, den entscheidenden Schritt von der Transzendentalphilosophie zu dem, was wir heute »Neurophilosophie« nennen, die Integration philosophischer, psychologischer und neurowissenschaftlicher Überlegungen zu einem integralen Bild des menschlichen Bewusstseins als natürlichem Phänomen. (Vgl. Churchland 1986, Birnbacher 2005) Die Syntheseleistungen, aufgrund deren wir uns einer raumzeitlich und kausal geordneten Wahrnehmungswelt gegenübersehen, werden nicht mehr wie bei Kant einem mysteriösen »transzendentalen Subjekt« zugeschrieben, das, da es als Bedingungsgrund von Raum und Zeit der raumzeitlichen Ordnung vorgelagert sein soll, unräumlich und unzeitlich gedacht werden muss. Die für die Wahrnehmung erforderlichen synthetischen Leistungen werden von Schopenhauer stattdessen unmittelbar dem empirischen Gehirn zugeschrieben. Schopenhauer übernimmt von Kant, dass die Strukturen der Erfahrungswelt von bestimmten Leistungen des erkennenden und handelnden Subjekts abhängen. Aber anders als Kant identifiziert er dieses Subjekt mit dem Gehirn, also mit einem Teil des leibhaftigen Menschen. Entsprechend deutet er das, was Kant Verstand genannt hatte, als ein *physiologisches* Vermögen. »Verstand« war bei Kant ein Vermögen der Begriffe, also der sprachlichen Ordnung und Strukturierung des in der unmittelbaren Erfahrung Gegebenen. Mit Hilfe von Urteilen, die Gegenstands-, Eigenschafts- und Relationsbegriffe zusprechen, soll sich das diffuse »Gewühl der Empfindungen« zu einer artikulierten und in ihrer raumzeitlichen Struktur durch Kausalgesetze versteh- und berechenbaren Vielfalt konstellieren. Schopenhauer hält an der funktionalen Charakterisierung des Verstands (beziehungsweise, wie er zumeist sagt, des *Intellekts*) fest. Auch bei ihm ist der Verstand das Vermögen, gegebene Empfindungen zu Anschauungen zu ordnen. Aber im Gegensatz zu Kant erklärt er die Operationsweise des Verstands ganz und gar naturalistisch: Verstand ist im Gehirn angesiedelt und nicht im Bewusstsein. Er operiert im Wesentlichen unbewusst. Deshalb ist er auch nicht mehr an die Fähigkeit zu begrifflichem Denken gebunden, sondern kommt auch Tieren zu, also Wesen, die zwar über Wahrnehmungen verfügen, diese aber nicht in Begriffe fassen können, wie sie unter anderem notwendig sind, um Verallgemeinerungen wie Naturgesetze gedanklich zu fixieren.

Viele Motive der schopenhauerschen Anthropologie des Willens sind später zu Leitmotiven von Nietzsches Lehre vom alles durchdringenden »Willen zur Macht« geworden. Dazu gehören auch das Leitmotiv der durch die rastlose Tätigkeit des »Willens« bedingten Wahrnehmungsverzerrungen und Selbsttäuschungen und die Anfälligkeit des Menschen für Ideologien und das, was Ibsen später Lebenslügen genannt hat. Für Schopenhauer bedeutet die These vom »Primat des Willens im Selbstbewußtseyn« (III, 234) unter anderem auch, dass sich das menschliche Denken nur mit Mühe aus den Fallstricken seiner Emotionen befreien und einen objektiven Blick auf die Dinge gewinnen kann. Diese Fallstricke sind umso gefährlicher, als wir ihrer gewöhnlich nicht gewahr werden.

Dass die menschliche Emotionalität nicht dazu geeignet ist, einen unverstellten Blick auf die Realitäten zu ermöglichen, ergibt sich für Schopenhauer aus ihrer in der Entwicklungsgeschichte des Menschen wurzelnden biologischen Funktion. Da die menschlichen Emotionen von Natur aus primär biologische Funktionen zu übernehmen haben, kommt es bei ihnen zuallererst auf die Zuverlässigkeit an, mit der sie ihre verhaltenssteuernden Funktionen erfüllen, und erst in zweiter Linie auf die Adäquatheit der mit diesen Emotionen einhergehenden oder durch sie bedingten Vorstellungen. Solange diese Vorstellungen nicht ihrerseits das Überleben und die Fortpflanzung beeinträchtigen, gibt es »aus Sicht der Natur« keinen Anlass, emotional bedingte Illusionen zu korrigieren, mögen diese auch noch so widervernünftig sein. Interessanterweise bezieht Schopenhauer – worin ihn die neuere Emotionspsychologie bestätigt – die emotional bedingten Verzerrungseffekte nicht nur darauf, wie wir die Dinge *beurteilen*, sondern bereits darauf, wie wir sie *erleben*. Schon »die ursprüngliche Anschauung der Dinge« ist emotional gefärbt. Die emotionale Besetzung geht, da sie unbewusst erfolgt, der bewussten Wahrnehmung voran, statt ihr, wie es der gesunde Menschenverstand annimmt, nachzufolgen. So beeinflusst etwa unsere aktuelle Stimmung nicht nur die Art, wie wir bestimmte Erlebnisse beurteilen, vielmehr nehmen diese von vornherein (bei Wohlgestimmtheit) »eine heitere Farbe und eine lachende Gestalt an« (IV, 442). Für Schopenhauer erklärt das stammesgeschichtliche Alter unserer Emotionen vor allem auch die für ein *animal rationale* bemerkenswerte Hartnäckigkeit, mit der die meisten Menschen an ihren Illusionen festhalten und einen Großteil ihrer Vernunft darauf verwenden, diese zu rationalisieren. Diese Illusionen sind dabei nicht einfach schlichte Irrtümer, sondern durch die Macht unserer Emotionalität erzwungene Lebenslügen, die im Wesentlichen dazu dienen, unseren Lebenswillen allen Widrigkeiten zum Trotz aufrechtzuerhalten. Für die Philosophie sind vor allem diejenigen Illusionen von Bedeutung, die sich auf erfahrungstranszendente Gegenstände beziehen und insofern einer direkten Infragestellung durch die Erfahrung entzogen sind. Wer sich im Alltag Illusionen leistet, wird zumeist vom Leben bestraft. Entsprechend werden in diesem Bereich Realismus, Erfahrung und Lebensklugheit auch gesellschaftlich im Allgemeinen hochgeschätzt. Dagegen wirken sich transzendente Illusionen religiöser oder weltanschaulicher Art nicht in derselben Weise negativ aus. Im Gegenteil vermitteln sie gewöhnlich Trost und Geborgenheit und erlauben es dem Individuum, sein begrenztes Leben in einen übergreifenden Sinnhorizont einzuordnen. In diesem Sinn deutet Schopenhauer nicht nur den Gottesglauben, sondern auch große Teile der herkömmlichen Metaphysik. Viele Konstruktionen der Metaphysik: die Freiheit des Willens, die Aussicht auf Unsterblichkeit, das Bestehen eines dem Menschen vorgegebenen »Sittengesetzes«, die Existenz eines Sinns der Geschichte, gäbe es nicht, kämen diese nicht wichtigen menschlichen Bedürfnissen entgegen: dem Bedürfnis, sich als Herr seines eigenen Lebens zu fühlen, dem Bedürfnis nach Überwindung von Naturverfallenheit, dem Bedürfnis nach einer verlässlichen Richtschnur des Handelns und dem Bedürfnis nach Entlastung von der Aufgabe individueller Sinnfindung.

Ein in dieser Hinsicht sprechendes Beispiel ist Schopenhauers Erklärung für die weitverbreitete Überzeugung von der (nach seiner Auffassung illusorischen) Willensfreiheit im Sinne der Möglichkeit, eine in die Welt wirkende Kausalkette selbstständig zu initiieren, ohne selbst wiederum einer kausalen Determination unterworfen zu sein. In seiner *Preisschrift über die Freiheit des menschlichen Willens* bietet Schopenhauer eine ganze Reihe von Erklärungen dafür an, warum der gesunde Menschenverstand so verbissen an der Überzeugung festhält, dass unser Wollen außerhalb der Naturkausalität steht. Die für Schopenhauer bezeichnendste ist die, dass der freie Wille möglicherweise nichts anderes ist als eine Fiktion, die in die Welt gesetzt worden ist, um eine Illusion zu schützen: um den »Urheber der Natur«, das heißt Gott, von Schuld für das von Menschen wissentlich und willentlich verursachte moralische und außermoralische Übel zu entlasten. (V, 113) Die Willensfreiheit ist nicht nur eine Fiktion, sie ist möglicherweise sogar eine *gewollte* Fiktion – gewollt im Vertrauen darauf, dass sich das unbewusste Wunschdenken der meisten für sie entscheiden wird, sobald sie erst einmal in der Welt ist.

»Wille« als allgemeine Dynamik

An dieser Stelle könnte man fragen, ob diese Diagnose nicht ebenso gut wie auf die herkömmlichen metaphysischen Systeme auf Schopenhauers eigene Metaphysik anzuwenden ist. Könnte es nicht sein, dass Schopenhauers nihilistische Metaphysik eines blinden »Weltwillens« ganz ebenso als Illusion abgetan werden müsste, gewissermaßen als Antithese zur optimistisch orientierten Metaphysik der Ideen, Götter und Geister – mit dem einzigen Unterschied, dass in diesem Fall nicht Wünsche und Hoffnungen, sondern Ängste und Enttäuschungen den Ton angeben? Ist seine Metaphysik, auch wenn sie die Vorzeichen umkehrt, nicht ebenfalls eine unbewusste oder halbbewusste Projektion des konkret Erfahrenen in eine aller Erfahrung entrückte Welt jenseits von Raum und Zeit? Betätigt sich nicht auch Schopenhauer, indem er etwa den Weltwillen mit dem außerhalb von Raum und Zeit existierenden kantischen »Ding an sich« identifiziert, als »Zauberer«, der seinen Lesern etwas vorgaukelt – so wie es ihm Ludwig Marcuse mit folgender Bemerkung unterstellte: »Schopenhauer [...] zauberte noch einmal – ein letztes Mal – mit der Entzauberung«? (Marcuse 1966, 137)

Diese Frage lässt sich zuspitzen, indem man darauf hinweist, dass auch Schopenhauers Metaphysik des »Weltwillens« nicht konsequent pessimistisch ist, sondern eine ganze Reihe der lebensbejahenden Funktionen übernimmt, die er der abendländischen Metaphysiktradition zum Vorwurf macht. Denn eigentümlicherweise wird der »Weltwille« bei Schopenhauer nicht durchweg dämonisiert. In seiner *Ethik* ist die Einsicht in die Einheit des Willens in allen bewusstseinsfähigen Wesen das Eingangstor zur wahren Moralität; in seiner *Ästhetik* ist die Musik die höchste unter den Künsten, weil sie das Wesen des Willens am adäquatesten zur Darstellung bringt; in seiner *Erlösungslehre* und *Todeskonzeption* wird die Auflösung des individuellen Willens in den Gesamtwillen keineswegs als Verschärfung von Abhängigkeit und Verfallenheit, vielmehr wird sie im Gegenteil als Befreiung und Erlösung aufgefasst – so, als wäre das Eingehen in den Ursprung aller Dinge auch hier eine Art »Eingehen in Gott«. Muss sich Schopenhauer nicht insofern dieselbe Art projektiven und illusionistischen Denkens vorhalten lassen, die er an seinen Widersachern, den deutschen Idealisten, zu kritisieren nicht müde wird?

Das wäre in der Tat der Fall, sofern Schopenhauers Metaphysik erstens als dogmatisch statt hypothetisch und zweitens als Transzendenzmetaphysik verstanden würde, die Aufschlüsse über das jenseits des Erfahrungszugänglichen Liegende geben will. Beide Voraussetzungen entsprechen nicht dem begrenzten und lediglich immanenten, das heißt auf die Sphäre des Erfahrbaren zielenden Anspruch, den Schopenhauer – zumindest seiner dominanten Philosophiekonzeption nach – für seine Philosophie erhebt. Soweit der »Weltwille« nicht wörtlich als »Ding an sich« jenseits der Erfahrung verstanden wird, sondern im Sinne einer in der Erfahrungswelt (einschließlich unserer Innenwelt) vorfindlichen Vorherrschaft des Emotionalen und Motivationalen über das Rationale, vermag Schopenhauer dem performativen Widerspruch zwischen seiner Kritik an der traditionellen Metaphysik und seinem eigenen Konzept zu entgehen.

Das verpflichtet uns allerdings darauf, seine metaphysische Terminologie, soweit sie sich auf Transzendentes bezieht, nicht in einem wörtlichen, sondern in einem übertragenen Sinn zu verstehen und ihm zu unterstellen, dass er die traditionelle Terminologie zu seinen besonderen Zwecken in radikaler Weise umdeutet. Zu dieser übertragenen Lesart von Schopenhauers metaphysischer Terminologie gibt es im Grunde keine vernünftige Alternative. Erstens würde ein wörtliches Verständnis in der Tat bedeuten, dass Schopenhauers Metaphysik denselben kritischen Einwänden ausgesetzt wäre, die er gegen den wörtlich verstandenen Theismus vorbringt. Auf einen wörtlich verstandenen »dämonischen« Weltwillen lässt sich – mit umgekehrten Vorzeichen – dieselbe projektionstheoretische Analyse anwenden, die Schopenhauer gegen den allgütigen Gott des Christentums in Stellung bringt. Zweitens ist unübersehbar, dass sein Umgang mit der traditionellen metaphysischen Terminologie (ähnlich, wie wir dies später bei Nietzsche und Adorno finden) durchweg etwas Spielerisches, die Probleme, die diese Terminologie lösen sollte, nicht mehr ganz ernst Nehmendes hat. Wie später für Adorno die Gesellschaft ist das Leben für Schopenhauer das Problem und nicht mehr die tradierten Probleme der Philosophie. Außerdem setzt er sich dadurch, dass er die traditionellen Begriffe gewissermaßen umfunktioniert, bewusst von der verachteten »Universitäts-Philosophie« (VII, 157) ab. Drittens ist ein wortwörtliches Verständnis vor allem deshalb keine echte Option, weil sie Schopenhauers Metaphysik in einen Abgrund von Widersprüchen und Inkohärenzen stürzen lassen würde. Wie etwa sollte ein Weltwille, wenn er im wörtlichen (kantischen) Sinne »Ding an sich« wäre, zugleich so unmittelbar erfahrbar sein können, wie es Schopenhauer für ihn beansprucht? Außerdem kann ein wie immer gearteter »Wille« schon deshalb kaum als »Ding an sich« in Frage kommen, weil Wollen etwas ontologisch Unselbstständiges ist: Wollen bedarf eines Subjekts, das will. Jede Tätigkeit bedarf eines Trägers, der diese Tätigkeit ausführt. Wenn aber notwendig hinter jedem Wollen eine wie immer vorgestellte Entität als Träger dieses Wollens steht, wäre es nur konsequent, diesen Träger und nicht seine Tätigkeit als »Ding an sich« anzunehmen.

Ein weiteres Problem beträfe das Verhältnis zwischen einem als »Ding an sich« verstandenen Willen und der Erscheinungswelt. Wie soll diese aus dem Willen entspringen können, wenn doch nach Schopenhauer (wie nach Kant) die Kategorie der Kausalität lediglich auf die Erscheinungswelt in Raum und Zeit anwendbar sein soll? Solange der »Wille«

als transzendente Entität aufgefasst wird, kann auch Schopenhauers defensive Redeweise von »Objektivation« (der Wille »objektiviert« sich in der Erscheinungswelt) nicht darüber hinwegtäuschen, dass es sich bei diesem Verhältnis um ein letztlich kausales Verhältnis handelt. Und noch grundsätzlicher: Wie soll sich ein »Wille« überhaupt denken lassen, der nicht zeitlich bestimmt ist, sondern außerhalb von Raum und Zeit existiert wie eine platonische Idee? Wörtlich verstanden, ist ein überzeitlicher Wille eine Contradictio in adjecto, schon deshalb, weil jedes Wollen und jeder Trieb, auch der unbewusste, notwendig zukunftsgerichtet sind. Ohne die Einbettung in eine zeitliche Ordnung ist die Redeweise von einem wie immer gearteten Willen schlicht unverständlich – was Schopenhauer implizit konzediert, wenn er in seiner Ästhetik die Musik, die zeitliche Kunst par excellence, zum Abbild des Willens erklärt.

Die schopenhauersche Metaphysik kann gegen den Vorwurf, sich in heillose Widersprüche zu verstricken, nur dann verteidigt werden, wenn sie konsequent als »expressive Beschreibung« interpretiert wird, wenn also sein metaphilosophisches Credo ernst genommen wird, dass seine Metaphysik nichts anderes bezwecke als »eine vollständige Wiederholung, gleichsam Abspiegelung der Welt in abstrakten Begriffen« (I, 124). Es ist die denkerische Schwäche Schopenhauers, dass er dieses Programm nicht konsequent durchhält, wiewohl diese Schwäche angesichts der Radikalität, mit der er mit dem traditionellen Philosophieverständnis bricht, verzeihlich erscheinen mag. Dafür, wie schwer es ist, das traditionelle Metaphysikverständnis zu überwinden, bieten die Zweideutigkeiten und Ambivalenzen seiner Philosophie reichhaltiges Anschauungsmaterial. Wie bei Kants Übergang von der rationalistischen Metaphysik zur Transzendentalphilosophie erleben wir auch bei Schopenhauer die Selbstbefreiung des Denkers aus traditionellen Bahnen als einen intermittierenden Prozess, als Echternacher Springprozession mit sich abwechselnden Vorwärts- und Rückwärtsbewegungen. Wie Kant die Grenzen, die er dem Wissen setzt, gleichzeitig immer wieder überschreitet, verstößt auch Schopenhauer stets aufs Neue gegen die selbstauferlegten Beschränkungen – etwa indem er sich anmaßt, etwas über transzendente Sachverhalte wie die »Unzerstörbarkeit unsers Wesens an sich« (IV, 542 ff.) aussagen zu können.

Dass Schopenhauer die Risiken gesehen hat, die eine Übernahme der metaphysischen Begriffe in ihrem wörtlichen Verständnis für die innere Konsistenz seiner Philosophie beinhaltet, zeigen seine wiederholten Versuche, sich von diesem Verständnis zu distanzieren und stattdessen den hermeneutisch-phänomenologischen Charakter seiner Philosophie herauszustellen. Das gilt mit besonderer Schärfe für seinen Begriff des Willens im übergreifenden, alles Seiende umfassenden Sinn. Wenn Schopenhauer den Willen als »Ding an sich« einführt, dann in einem uneigentlichen und in einem nach traditioneller Lesart gänzlich unmetaphysischen Sinn. Der »Wille« ist keine Substanz, sondern eine Qualität. Mit »Wille« ist die unspezifische Dynamik gemeint, die sich in der Welt, wie wir sie vorfinden, in den verschiedensten Ausprägungen äußert. Der Wille steht nicht »hinter« den Phänomenen der Erfahrungswelt, sondern ist ihr universaler und auffälligster Grundzug. Ihre augenfälligste und existenziell wichtigste Gestalt nimmt diese Dynamik in unserem Triebleben an, in dem, was wir in uns selbst als heteronome und unserem Willen nur unvollständig unterworfene Natur erfahren. Insofern verkehrt sich das kantische »Ding an sich« bei Schopenhauer in sein genaues Gegenteil. Während es für Kant das Fernste, ein in eine prinzipiell unerfahrbare Weite hinausgerücktes und nur spekulativ erreichbares gedankliches Konstrukt war, ist es für Schopenhauer das Allernächste und Vertrauteste. »Eigentlicher *Brennpunkt* des Willens« sind die Genitalien (II, 412), das Organ, in dem wir unsere Natur in Gestalt des blinden Fortpflanzungsdrangs am augenfälligsten und (aus Schopenhauers Sicht) am leidvollsten spüren. Die Genitalien und der von ihnen ausgehende Triebdruck erinnern uns fort-

51

während daran, dass wir selbst noch in unseren erhabensten Momenten Teil des Naturzusammenhangs sind, eines Zusammenhangs, der etwas Unruhiges, Vorwärtstreibendes, Dranghaftes hat, ein »ewiges Werden, endloser Fluß« ist (I, 218), ohne Ziel und Ruhepunkt (II, 387).

Konsequent im Sinn einer rein immanenten Metaphysik geht Schopenhauer auch mit der Kausalitätsrelation um. Er sieht klarer als Kant, dass es auf einen Widerspruch hinauslaufen würde, einerseits die Kausalitätsrelation auf die Erscheinungswelt zu begrenzen, andererseits zwischen »Ding an sich« und Erscheinungswelt eine Kausalrelation anzunehmen, wie es Kant mit seiner kausalen Deutung des Begriffs der »Erscheinung« getan hatte. (II, 613) Die Reichweite der Kategorie der Kausalität auf die Erscheinungswelt zu beschränken und die Erscheinungen ihrerseits durch ein Ding an sich kausal zu erklären, ist keine gangbare Option. Der Ausweg besteht für Schopenhauer auch hier wieder darin, von der Metaphysik keine transzendente, sondern lediglich eine immanente Welterklärung zu erwarten und die Philosophie auf beschreibend-interpretierende Aufgaben festzulegen: »Der Satz vom Grund erklärt Verbindungen der Erscheinungen, nicht diese selbst: daher kann Philosophie nicht darauf ausgehn, eine *causa efficiens* oder eine *causa finalis* der ganzen Welt zu suchen.« (I, 123) Auch wenn Schopenhauer des Öfteren von dem Willen als dem »Ursprung« der Natur spricht und damit eine Art Hervorbringungsrelation zwischen Wille und Welt nahelegt, stellt er doch an vielen anderen Stellen klar, dass das, was er »Objektivation« des Willens nennt, nicht als *Produktionsverhältnis* verstanden werden soll, sondern als *Ausdrucksrelation*: Objektivation und das, was sich objektiviert, sind keine verschiedenen Substanzen, es handelt sich vielmehr um verschiedene Merkmale ein und derselben Sache.

Mit der Aufgabe eines transzendenten Verständnisses des Dings an sich und dem Verzicht auf eine aus Ursachen erklärende Metaphysik lösen sich aber auch die Paradoxe der

»Trägerlosigkeit« und der Unzeitlichkeit des Willens auf. Sobald der »Wille« im übergreifenden Sinn als empirisch aufweisbare Qualität und nicht mehr wortwörtlich als »Ding an sich« verstanden wird – als grundlegendes Merkmal der äußeren wie der inneren Natur –, verschwindet das Problem der ontologischen Unselbständigkeit. Als »Träger« kommen nunmehr alle Prozesse in Betracht, die diejenige gerichtete Unruhe aufweisen, die »Wille« beinhaltet. Und sobald Schopenhauers »Wille« nicht mehr als transzendente Größe verstanden wird, kann dieser »Wille« nur in demselben Sinn unzeitlich oder ewig sein, in dem es andere charakteristische zeitlich konstante Eigenschaften der Natur auch sind: Solange der Mensch lebt, ist er ein Getriebener. Solange die Natur lebt, ist sie in fortwährender Gestaltung und Umgestaltung begriffen. Das heißt nicht, dass eine »willenlose« Natur schlechthin undenkbar ist; aber es heißt, dass die Natur, soweit wir darüber etwas sagen können, seit Urzeiten diejenige Dynamik und Unruhe aufweist, die Schopenhauer »Wille« (im umfassendsten Sinne verstanden) nennt. Für Schopenhauer scheint es dabei evident zu sein, dass diese Dynamik in alle Zukunft anhalten wird. Die Vorstellung, dass diese Bewegung irgendwann zu einem Ende kommt, etwa weil die fortwährende Zunahme des Entropiegehalts des Universums zu einem »Wärmetod« führt, der jede weitere Veränderung unmöglich macht, findet sich als spekulativer Gedanke – in auffälliger Gleichzeitigkeit mit entsprechenden Hypothesen der physikalischen Kosmologie – erst beim Schopenhauer-Schüler Philipp Mainländer. (Vgl. Horstmann 1989, 25)

Ist eine solche hermeneutische Interpretation des »Weltwillens« übermäßig reduktiv? Was bleibt, so könnte man fragen, von der »Willensmetaphysik«, wenn man sie konsequent immanent versteht und von allen transzendentalistischen Missverständnissen reinigt?

Zunächst sollten wir uns ansehen, was es mit Schopenhauers »Weltwillen« genauer auf sich hat. Als erstes ist festzustellen, dass Schopenhauer den Willensbegriff, indem er ihn über den Bereich der bewusstseinsfähigen Wesen und sogar über den Bereich der Lebewesen hinaus ausdehnt, semantisch beträchtlich ausdünnt. Wie schon erläutert, verliert der Begriff des Willens bereits in seiner Anwendung auf die unbewusste Motivation bewusstseinsfähiger Wesen einen Teil seiner aus der Alltagsverwendung vertrauten Merkmale. Das unbewusste Wollen ist nicht mehr notwendig ein bewusster Akt oder von Bewusstsein begleitet. Es muss nicht einmal mehr notwendig »vorbewusst« sein, das heißt, jederzeit ins Bewusstsein gehoben werden können. Es kann dem Individuum selbst über längere Zeit oder auch auf immer unzugänglich sein. Was bleibt, ist das Merkmal der Gerichtetheit. Auch das unbewusste Wollen »will« auf etwas hinaus. Der Trieb gibt eine Richtung vor und treibt Körper und Geist einer spezifischen Befriedigungsquelle und einem spezifischen Gleichgewichtszustand entgegen.

Schopenhauers Übertragung des Willensbegriffs auf die bewusstseinslose Natur vollzieht sich in zwei Stufen. Auf der ersten Stufe wendet er den Willensbegriff auf die in großen Teilen der belebten Natur vorfindlichen *teleonomischen* Prozesse an, mithin auf Prozesse, die zielgerichtet erscheinen, so, als führten sie die Pläne und Absichten zwecksetzender Subjekte aus. In diesem Sinne schreibt er: »Die ausnahmslose Zweckmäßigkeit, die offenbare Absichtlichkeit in allen Theilen des thierischen Organismus kündigt zu deutlich an, daß hier nicht zufällig und planlos wirkende Naturkräfte, sondern ein Wille thätig gewesen sei.« (V, 235)

Aber das heißt wiederum nicht, dass Schopenhauer diesen Willen als ein Quasisubjekt auffasst, etwa als einen nichtpersonalen Nachfolger des theistischen Schöpfergottes oder des platonischen Demiurgen. Ein solches Subjekt wird an keiner Stelle seiner Philosophie anerkannt. Die Gerichtetheit der natürlichen Prozesse ist nichts anderes als das Resultat einer gelungenen wechselseitigen Anpassung, einer Koevolution. Wenn es in der Natur eine Teleologie gibt – quasi subjekthaft auf bestimmte Ziele gerichtete Finalursachen –, dann nur als eine perspektivische Konstruktion, als das Ergebnis einer von dem Erlebnis des eigenen Willens ausgehenden Deutung. In der Natur gibt es lediglich Zweckmäßigkeit. »Zwecke«, die ein zwecksetzendes Subjekt erfordern, gibt es lediglich aus der Perspektive eines Betrachters. In der Tat sieht Schopenhauer in einer derartigen Subjektivierung der Naturteleologie eine der Errungenschaften der Philosophie Kants: »Dies ist der Sinn der großen Lehre Kants, daß die Zweckmäßigkeit erst vom Verstande in die Natur gebracht wird, der demnach ein Wunder anstaunt, das er erst selbst geschaffen hat.« (V, 255)

Das ändert allerdings nichts an der augenfälligen Analogie zwischen der Gerichtetheit in der ontogenetischen Entwicklung der Lebewesen und der Gerichtetheit des bewussten und unbewussten Strebens, das wir aus unserer inneren Natur kennen. Sie ist so augenfällig, dass Schopenhauer sich berechtigt fühlt, auch sie als einen Ausdruck – oder wie er sich ausdrückt: als »Objektivation« – eines Willens zu deuten und zu erklären, dass »alle teleologischen Thatsachen sich aus dem Willen des Wesens selbst, an dem sie befunden werden, erklären« lassen (V, 238). So verhalte sich etwa die Gestalt des Ameisenbären zu den Termiten »wie ein Willensakt zu seinem Motiv« (V, 239), wobei Schopenhauer mit »Motiv« nicht den Beweggrund, sondern den Gegenstand des Willens bezeichnet. Wie der Wille (im Alltagssinn sowie im Sinne des unbewussten Wollens) in einem Passungsverhältnis zu seinem Gegenstand steht, so der Bauplan des Tiers zu seiner Umwelt. Dieses Passungsverhältnis ist für Schopenhauer Resultat einer Anpassung im Sinne der lamarckschen Evolutionstheorie, nach der sich die Arten durch die Generationen hindurch in allmählicher Anpassung an ihre natürliche Umwelt entwickeln. Der »Wille« ist hier keine geheimnisvolle metaphysische Macht, die die Entwicklungsprozesse in den Organismen in eine bestimmte Richtung treibt. »Wille« ist lediglich eine – romantisierend-perspektivische – Neubeschreibung eines ganz und gar naturalistisch erklärbaren Entwicklungsprozesses. Schopenhauer spricht »romantischer«, als er denkt. Ihrem Gehalt nach lassen sich seine Deutungen nur ganz und gar naturalistisch verstehen, im Sinne einer prädarwinistischen Evolutionstheorie, die zwar die beiden Hauptpfeiler, auf denen der Darwinismus steht, den »struggle for existence« und die Aufeinanderfolge der Arten (allerdings unter Leugnung allmählicher Übergänge), klar benennt, sie aber nicht in eine zusammenhängende Theorie integriert. (Vgl. Lovejoy 1959, 436; Vandenrath 1976) Bemerkenswert ist darüber hinaus, wie viele naturwissenschaftliche Ergebnisse Schopenhauer bereits in seine Überlegungen einfließen lässt, die üblicherweise späteren Autoren zugeschrieben werden, etwa das von Ernst Haeckel aufgestellte »biogenetische Grundgesetz«, nach dem die ontogenetische Entwicklung die phylogenetische rekapituliert. (IX, 168)

Auf einer zweiten Stufe verallgemeinert Schopenhauer den Willensbegriff ein weiteres Mal, indem er *sämtliche* Naturkräfte als Erscheinungsformen des »Willens« fasst. »Wille« charakterisiert nicht mehr nur das unbewusst Steuernde und Motivierende in der Sphäre des Lebendigen, sondern darüber hinaus auch die in der unlebendigen Natur wirkenden Kräfte. »Wille« bezeichnet damit jede Form von Veränderung bewirkender Energie in der Natur, ihre allgemeine Dynamik.

Die Motive, von denen sich Schopenhauer bei dieser Ausweitung, ja Überdehnung des Willensbegriffs leiten lässt, liegen auf der Hand. Einerseits folgt er dem Systematisierungsideal der metaphysischen Tradition und begibt sich auf die Suche nach einem einzigen und prägnant benannten Grundprinzip in der Tradition von Leibniz' Monade und Spinozas Substanz. Die Vielfalt der Phänomene soll auf einen gemeinsamen Nenner gebracht, auf ein letztes abstraktes Grundprinzip zurückgeführt werden. Andererseits ist es zweifellos kein Zufall, dass er dieses Grundprinzip der Natur mit einem Begriff aus dem Bereich der *psychischen* Phänomene beschreibt – was nicht so verstanden werden darf, dass er einem Panpsychismus anhinge, nach dem die gesamte Natur (im Ganzen, in ihren Komponenten oder beidem) beseelt ist. Schopenhauer geht keineswegs von der Hypothese aus, dass auch Pflanzen beseelt wären und ihnen wortwörtlich ein Bewusstsein oder ein bewusster Wille zugeschrieben werden könnte. Auch den niederen Tieren möchte er allenfalls eine »dumpfe Vorstellung« (III, 230) beziehungsweise »bloß eine Dämmerung« von Bewusstsein (III, 156) zubilligen. Umso weniger geht er von einer Beseeltheit oder Willensfähigkeit der unlebendigen Natur aus. Dass er dennoch auch den im Bereich der bloßen Materie wirkenden Naturkräften Willenscharakter zuschreibt, muss als eine quasi poetische Analogiebildung verstanden werden. Schopenhauer geht es darum, die Urverwandtschaft zwischen dem gefühlten Willen in uns und der Dynamik in der uns begegnenden Natur zum Ausdruck zu bringen. »Wille« weist darauf hin, dass uns in der Natur allenthalben Vorgänge begegnen, die den Prozessen, die wir aus uns selbst kennen, so auffällig ähnlich sind, dass sie uns als zutiefst vertraut erscheinen und uns genau deshalb gefühlsmäßig berühren. Sie sind der Grund dafür, dass wir in der äußeren Natur unsere eigene Natur wiedererkennen und auf dem Umweg über die Naturerfahrung uns selbst erfahren. Nicht nur in der tierischen Natur, auch in der Natur insgesamt finden wir dieselbe Dynamik wieder, die wir aus unserer eigenen inneren Natur kennen: das Sich-Abarbeiten von Kräften und Gegenkräften, das Auf und Ab von Ruhe und Erregung, den Wechsel der Stimmungen, vor allem aber unsere durch die Zwänge der Zivilisation stets nur unvollständig gebändigte Wildheit. Die Natur führt uns in unverhüllter Nacktheit die »rohe Gewalt« vor, mit der sich unsere Triebe allenfalls in Extremsituationen ungebändigten Auslebens zeigen. Die Natur bietet uns nicht nur, ins Grandiose erweitert, das Schauspiel unseres eigenen inneren Lebens und Strebens. Sie bietet uns darüber hinaus ein Bild der diesen zugrunde liegenden unbewussten Dynamik. Nicht zufällig beschreibt Schopenhauer die Natur in derselben Weise, wie sie die romantischen Maler gemalt haben – als Abbild unserer eigenen Natur:

»Wenn wir sie nun mit forschendem Blicke betrachten, wenn wir den gewaltigen, unaufhaltsamen Drang sehen, mit dem die Gewässer der Tiefe zueilen, die Beharrlichkeit, mit welcher der Magnet sich immer wieder zum Nordpol wendet, die Sehnsucht, mit dem das Eisen zu ihm fliegt, die Heftigkeit, mit welcher die Pole der Elektricität zur Wiedervereinigung streben, und welche, gerade wie die der menschlichen Wünsche, durch Hindernisse gesteigert wird; wenn wir den Krystall schnell und plötzlich anschießen sehn, mit soviel Regelmäßigkeit der Bildung, die offenbar nur eine vor Erstarrung ergriffene und festgehaltene ganz entschiedene und genau bestimmte Bestrebung nach verschiedenen Richtungen ist; wenn wir die Auswahl bemerken, mit der die Körper, durch den Zustand der Flüssigkeit in Freiheit gesetzt und den Banden der Starrheit entzogen, sich suchen und fliehn, vereinigen und trennen; wenn wir endlich ganz unmittelbar fühlen, wie eine Last, deren Streben zur Erdmasse unser Leib hemmt, auf diesen unablässig drückt und drängt, ihre einzige Bestrebung verfolgend; – so wird es uns keine große Anstrengung der Einbildungskraft kosten, selbst aus so großer Entfernung unser eigenes Wesen wiederzuerkennen, jenes Nämliche, das in uns beim Lichte der Erkenntniß seine Zwecke verfolgt, hier aber, in den schwächsten seiner Erscheinungen nur blind, dumpf, einseitig und unveränderlich strebt, jedoch, weil es überall Eines und das Selbe ist, – so gut wie die erste Morgendämmerung mit den Strahlen des vollen Mittags den Namen des Sonnenlichts theilt, – auch hier wie dort den Namen Wille führen muß, welcher Das bezeichnet, was das Seyn an sich jedes Dinges in der Welt und der alleinige Kern jeder Erscheinung ist.« (I, 163 f.)

Der Gedanke dieses rhetorischen Höhenflugs ist derselbe, der in der Naturethik und -ästhetik der Gegenwart erneut eine Rolle zu spielen begonnen hat: Die Analogiebeziehung zwischen innerer und äußerer Natur ermöglicht es uns, unser eigenes Wesen in einem äußeren Medium wiederzufinden. Das Erleben der Natur in ihrer Ursprünglichkeit eröffnet uns einen Zugang zu unserem Unbewussten und damit zu den Quellen von Gefühlswelt und Fantasie. Das Erleben der Natur wirkt als Katalysator für das Naturhafte in uns selbst und als Brücke zu den kreativen Potenzialen des Unbewussten. Arnold Gehlen hat dieses Phänomen der Zusammenstimmung zwischen Außen- und Innenwelt, das sich unter anderem in einem Mitschwingen mit äußeren Rhythmen zeigt, als »Resonanzphänomen« beschrieben. (Gehlen 1961, 97) Paradoxerweise mit einer technischen, aber nicht weniger treffenden Metapher beschreibt es der zeitgenössische Naturethiker Holmes Rolston: Die Begegnung mit der Natur macht uns *leitfähig* für die Natur in uns. (Vgl. Rolston 1997, 273)

Schopenhauer als Analytiker I:
der Satz vom Grund

Schopenhauer war primär ein *Synthetiker*, der wie die überwiegende metaphysische Tradition von dem – heute nur noch selten geteilten – Bestreben geleitet war, das Ganze der äußeren und inneren Erfahrung in ein übergreifendes, Mensch und Natur, Ich und Welt gleichermaßen umfassendes Bild der Wirklichkeit zu integrieren und durch eine zentrale, alle Erfahrungsbereiche gleichermaßen treffende Metapher zu entschlüsseln. Nicht zuletzt mit dieser Zielsetzung hat er auf seine Leser in der »positivistischen«, durch den Aufstieg der Einzelwissenschaften und ihre zunehmende technische Umsetzung geprägten zweiten Hälfte des 19. Jahrhunderts eine beträchtliche Faszination ausgeübt. In Schopenhauers Philosophie fand man noch einmal, vielleicht zum letzten Mal, eine Sicht der Dinge, die sich über die sich zunehmend abgrenzenden Einzelwissenschaften erhob und eine Naturphilosophie, Ethik und Ästhetik gleichermaßen umfassende Gesamtperspektive bot.

Aus heutiger Sicht war Schopenhauer aber nicht nur ein Synthetiker, sondern auch ein Analytiker, der sich der Instrumente der begrifflichen Zergliederung und Differenzierung nicht nur als Waffen zur Widerlegung seiner Gegner bediente, sondern auch um der Sache selbst willen: als Mittel zur Herstellung von Klarheit, zur Auflösung von Scheinproblemen und zur Bereinigung jahrhundertealter Irrtümer. Allerdings hat er die Bedeutung der analytischen Aufgaben der Philosophie nicht besonders hoch eingeschätzt. Zwar sei die Aufgabe, das, was sich von selbst versteht, »zum deutlichen Bewußtseyn« zu bringen, eine legitime und sogar unumgängliche Aufgabe der Philosophie. Aber diese Aufgabe sei doch eher eine Vorleistung für deren eigentliche Aufgabe,

die metaphysische Deutung der unterschiedenen Phänomene und Begriffe. (IX, 11)

Diese Selbstdeutung ist allerdings nur schwer mit der Tatsache vereinbar, dass sich Schopenhauer in zwei seiner
Schriften in extenso als Analytiker betätigt: in seiner ursprünglich als Dissertation verfassten Schrift *Über die vierfache Wurzel des Satzes vom zureichenden Grunde* und in
der ersten seiner beiden Preisschriften, der *Preisschrift über
die Freiheit des menschlichen Willens*. Beide Schriften nutzen die Methode der Begriffsklärung intensiv. Die Unterscheidung der verschiedenen Weisen, in denen in der All-
tags- und in der philosophischen Fachsprache die Begriffe
»Grund«, »Freiheit« usw. gebraucht werden, macht auch
einen Gutteil ihrer inhaltlichen Leistung aus. Die Begriffsklärung übernimmt in beiden Fällen nicht nur eine pro-
pädeutische, sondern eine tragende argumentative Funktion. Zugleich wendet Schopenhauer die eingeführten begrifflichen Differenzierungen kritisch gegen Philosophen,
die sie nach seiner Überzeugung unwissentlich oder wissentlich übersehen haben und unter anderem aus diesem Grund
zu unhaltbaren metaphysischen Konstruktionen gelangt
sind.

Ganz in diesem letzteren Sinn beginnt Schopenhauers Schrift
zum Satz vom Grund (verstanden als der Satz, dass nichts
ohne Grund ist, aus dem es eher ist, als dass es nicht ist) mit
einem kritischen Durchgang durch einige der philosophischen Vorgänger, die sich zu diesem Thema geäußert haben,
wobei er insbesondere Descartes und Spinoza dafür kritisiert, dass sie sich in Widersprüche und Konfusionen verwi-
ckeln, indem sie nicht konsequent genug zwischen den verschiedenen Arten von Gründen (beziehungsweise den
verschiedenen Arten, in denen man von »Gründen« sprechen
kann) unterscheiden. Schopenhauer legt mit dieser Kritik
den Finger in eine offene Wunde. In der Tat muss es jedem
Leser Descartes' rätselhaft erscheinen, wie die Kausalgesetze, die für die wissenschaftliche Erklärung natürlicher

Phänomene benötigt werden, unter alleiniger Zuhilfenahme der Vernunft aufgefunden werden sollen, auf der dem Rationalisten Descartes zufolge alle Erkenntnis fußen soll. Schopenhauers Erklärung für dieses Dilemma ist, dass Descartes *Ursachen* und *Gründe* verwechselt und nicht hinreichend unterscheidet zwischen Ereignissen in der Welt, die andere Ereignisse als Wirkungen nach sich ziehen (Ursachen), und Aussagen und Prinzipien, auf die man sich zur Rechtfertigung bestimmter anderer Aussagen und Prinzipien beruft (Gründe). Schopenhauer geht sogar noch einen – gewagten – Schritt weiter, indem er – mit den üblichen Seitenhieben auf die philosophischen Widersacher Hegel und Schelling (vgl. V, 24) – Descartes unterstellt, die beiden Hauptbedeutungen von »Grund« sogar bewusst konfundiert zu haben. Er habe, um sich für die christlichen Theologen weniger angreifbar zu machen, seinen Gottesbeweisen damit eine höhere Glaubwürdigkeit verleihen wollen, als ihnen der Sache nach zukommt. Spinoza andererseits kann Schopenhauer solche Anpassungsabsichten nicht unterstellen, da sich Spinoza mit seinem Pantheismus ja gerade in Opposition zum geltenden Theismus setzte, was Schopenhauer ihm hoch anrechnet. Ihm bescheinigt Schopenhauer lediglich, die Verwechslungen seines Lehrmeisters Descartes allzu unkritisch übernommen zu haben – eine ebenfalls gewagte Auffassung angesichts der Tatsache, dass bei Spinoza die Ineinssetzung von *causa* im Sinne von Ursache und *ratio* im Sinne eines Begründungsprinzips keineswegs ein bloßes Versehen ist, sondern systematisches (und Schopenhauers »Willen« in vielem verwandtes) konstruktiv-metaphysisches Prinzip.

Schopenhauer weiß, dass er nicht der Erste ist, der systematisch zwischen Grund und Ursache unterscheidet, sondern dass er in diesem Punkt Kant verpflichtet ist, der die Unterscheidung zwischen dem Erkenntnisprinzip »Ein jeder Satz muss seinen Grund haben« und dem Kausalprinzip »Ein jedes Ding muss eine Ursache haben« bereits mit aller wünschenswerten Klarheit getroffen habe. (V, 36) Allerdings besteht Schopenhauers Verdienst darin, diese Unterscheidung systematisch durchgeführt und mit einer Theorie der unterschiedlichen Erkenntnisarten verbunden zu haben. Sein in der Vorrede zur späteren Neufassung der Dissertation erhobener Anspruch, diese Schrift habe das erkenntnistheoretische Fundament und den »Unterbau« seines ganzen Systems geliefert (V, 9), ist durchaus begründet.

Methodisch folgt Schopenhauer in seiner Analyse des Satzes vom Grund demselben Muster, das er auch seiner späteren Analyse des Freiheitsbegriffs zugrunde legt: Von der Vermutung ausgehend, dass die verschiedenen Varianten von Gründen nicht zufällig, sondern aus gutem Grund durch ein und denselben Ausdruck bezeichnet werden, wendet er sich zunächst dem Gesichtspunkt zu, unter dem die einzelnen Teilbegriffe zusammenhängen, und arbeitet dann ihre jeweils spezifische Bedeutung heraus. Das Gemeinsame aller Grund-Folge-Beziehungen sieht er darin, dass sie sämtlich auf Warum-Fragen antworten. Gründe gleich welcher Art dienen als Erklärungsgründe. Die Unterschiede bestehen in der *Art* der jeweils gegebenen Erklärungen, wobei sich diese nach der Art der Gegenstände unterscheiden, auf die sich die Warum-Frage bezieht. Es gibt deshalb sowohl eine *gemeinsame* Wurzel des Satzes vom zureichenden Grund (den ungewöhnlichen Ausdruck »Wurzel« für »Grundlage« oder »Quelle« entlehnt Schopenhauer einer Schwurformel der antiken Pythagoreer), gleichzeitig jedoch vier *verschiedene* Wurzeln, je nach den vier Klassen von Objekten, in denen die jeweilige Variante zur Anwendung kommt. Diese Klassen sind erstens das Ursache-Folge-Verhältnis, das wir in der äußeren Realität (in der Welt der »Vorstellungen«) am Werke sehen (diesem entspricht, da er Zeitverhältnisse betrifft, der »Satz vom zureichenden Grunde des Werdens«), zweitens das Grund-Folge-Verhältnis, das zwischen Gedanken oder Aussagen besteht, von denen der oder die eine aus dem oder der anderen logisch folgt (diesem entspricht der »Satz vom zureichenden Grunde des Erkennens«), drittens die Folgebeziehungen, die zwischen mathematischen Gegenständen unabhängig von ihrem Erkanntwerden bestehen (diesen entspricht der »Satz vom zureichenden Grunde des Seins«), und viertens die Folgebeziehungen zwischen den Motiven eines Akteurs und seinem Handeln (»Gesetz der Motivation«).

Mit der Eigenschaft, auf Warum-Fragen zu antworten, sind die Gemeinsamkeiten aller vier Formen von Gründen allerdings nicht erschöpft. Warum-Fragen gelten in vielen Fällen auch dann bereits für alle praktischen Zwecke als hinreichend beantwortet, wenn die angegebenen Gründe nicht in dem Sinne hinreichend sind, dass das Begründete aus ihnen notwendig folgt. Wesentlich für *zureichende* Gründe ist deshalb nicht nur, dass sie das zu Begründende begründen, sondern dass sie es in einer besonders strengen und unwiderleglichen Weise begründen, nämlich so, dass sich das zu Begründende aus dem Grund mit Notwendigkeit ergibt. Eine weitere Gemeinsamkeit der vier Formen des Satzes vom Grund liegt demnach darin, dass »alle unsere Vorstellungen unter einander in einer gesetzmäßigen [...] Verbindung stehn« (V, 41).

Oben wurde bereits erwähnt, dass Schopenhauer seinem Vorbild Kant recht unkritisch in dessen Dogma von der Notwendigkeit der kausalen Verknüpftheit aller Naturereignisse folgt. Schopenhauer geht sogar noch einen Schritt weiter, indem er das Kausalprinzip zu einer Art Denkgesetz überhöht, nach dem wir uns ein unverursachtes Naturereignis nicht einmal *denken* können. Zwar sollen wir uns denken können, dass das »Gesetz der Gravitation ein Mal aufhörte zu wirken«. Die newtonschen Gesetze sind für sich genommen nicht denknotwendig. Was wir uns aber nicht nicht denken können sollen, ist, dass »dieses ohne eine Ursache geschähe« (V, 106). Das hieße, wenn es richtig wäre, dass es eine »echte« Zufälligkeit nicht geben kann – nicht nur in der realen Welt nicht, sondern in allen möglichen Welten. Auch der Gedanke einer Ersturache alles Geschehens, die Grundidee des kosmologischen Gottesbeweises, liefe auf eine Contradictio in adjecto hinaus, nicht weniger als die Idee einer *causa sui*, einer Ursache ihrer selbst: Wenn jedes Ereignis notwendig eine Ursache hat, kann es (bei endlicher Zeitdauer jedes Ereignisses) kein erstes Ereignis geben. Doch selbst wenn man Schopenhauer zugeben kann, dass es eine logische Wahrheit ist, dass eine Ursache nicht Ursache ihrer selbst sein kann, es eine *causa sui* im wörtlichen Sinn also nicht geben kann, wird man seiner These nicht zustimmen können, dass auch die Idee einer ersten Ursache, die ihrerseits ohne Ursache wäre, auf einen Widerspruch hinausläuft. Interessanterweise scheint Schopenhauer dies auch selbst zumindest halb gesehen zu haben. Denn die Erläuterung, die er für das Kausalverhältnis gibt – und die auf neuere Analysen des Kausalverhältnisses (vgl. Lewis 1973) vorausweist –, ist eine, die den Notwendigkeitscharakter des Ursache-Wirkungs-Zusammenhangs gerade nicht auf eine irgendwie geartete logische Ableitbarkeit der Aussage über den Eintritt des Wirkungsereignisses aus einer Aussage über den Eintritt des Ursachenereignisses bezieht, sondern auf die Behauptbarkeit kontrafaktischer Konditionalsätze von der Art »Wenn das Ursachenereignis eingetreten wäre, wäre auch das Wirkungsereignis eingetreten«. Wie Schopenhauer richtig sieht, berechtigt das »Gesetz der Kausalität« nicht zu kategorischen Urteilen, es erlaubt vielmehr ausschließlich hypothetische Urteile. (V, 56) Kausalgesetze haben eine Wenn-dann-Form, und aus dem Bestehen eines Kausalgesetzes folgt weder, dass der Wenn- (das Antezedens), noch, dass der Dann-Satz (das Consequens) zutrifft. Diese kontrafaktische Geltungsweise ist aber eine Besonderheit der aufgrund von Kausalgesetzen bestehenden Zusammenhänge.

Trotz der gelegentlich überzogenen Loyalität gegenüber Kant wird man Schopenhauer eine Reihe wesentlicher Erkenntnisfortschritte über sein großes Vorbild hinaus zugestehen müssen. Während Schopenhauer das Kausalverhältnis ähnlich beschreibt wie Kant, nämlich als das Prinzip, nach dem jede Veränderung eine vorhergehende Veränderung zur Ursache hat (es aber anders als Kant zunächst lediglich auf äußere Ereignisse, also nicht auf den Bereich des Mentalen angewendet wissen will), analysiert er sehr viel genauer als Kant die innere Struktur der Veränderung, die jeder anderen Veränderung notwendig vorhergehen soll. Diese Veränderung besteht nach Schopenhauer zu einem großen, wenn nicht sogar zum überwiegenden Teil gerade nicht aus Veränderungen, sondern aus zeitlich konstanten Zuständen und Bedingungen. Lediglich eine der kausalen Bedingungen des Eintretens des Folgeereignisses muss eine echte Veränderung sein, sodass etwa eine einzige Bedingung aus einer größeren Zahl von kausalen Bedingungen als Auslöser des Folgeereignisses fungiert, während alle anderen konstant bleiben. Allerdings ist die die Wirkung auslösende Bedingung für diese nicht kausal hinreichend. Kausal hinreichend ist stets nur die Gesamtkonstellation aus auslösender Veränderung und konstanten Hintergrundbedingungen. Nur diese Gesamtkonstellation kann – im Gegensatz zur alltagssprachlichen Verwendung des Ausdrucks – als eigentliche Ursache gelten, da nur aus ihr die Wirkung mit Notwendigkeit folgt.

Ein weiterer Schritt über Kant hinaus ist Schopenhauers Kritik an der kantischen Argumentation für die Apriorität der Kausalität in dessen *Kritik der reinen Vernunft*. Kant hat dort argumentiert, dass die Zuschreibung einer objektiven Aufeinanderfolge von Ereignissen – im Gegensatz zur Aufeinanderfolge der Vorstellungen dieser Ereignisse in unserer Wahrnehmung – die Zuschreibung eines Kausalverhältnisses zwischen den Ereignissen erfordert. Er hat so zu begründen versucht, dass Kausalurteile unerlässlich sind für die Möglichkeit, überhaupt von einer objektiv und unabhängig von unseren Wahrnehmungen existierenden Welt zu sprechen. Kausalität sei eine zwar auf die objektive Erscheinungswelt begrenzte, aber nichtsdestoweniger für diese notwendige – und insofern gültige – Urteilsform. Schopenhauer stellt diese These in Frage, indem er herausstellt, dass die Objektivität von Urteilen über die Aufeinanderfolge von Objekten keineswegs davon abhängt, dass die Objekte in eine kausale Beziehung zueinander gebracht werden. Wir können sehr wohl objektiv über Aufeinanderfolgen urteilen, ohne zwischen den aufeinanderfolgenden Ereignissen eine Kausalbeziehung herzustellen. Er illustriert das unter anderem an dem später durch Bertrand Russell bekanntgewordenen Beispiel der regelmäßigen Abfolge von Tag und Nacht. Obwohl Tag und Nacht regelmäßig aufeinanderfolgen, liegt es uns fern, sie als Ursache und Wirkung voneinander anzusehen. Beide Phänomene sind vielmehr Wirkungen einer gemeinsamen dritten Ursache. Indem Kant im Bereich des Objektiven kein eigenständiges *post hoc* neben einem *propter hoc* zulasse, verfalle Kant, wie Schopenhauer hervorhebt, in den umgekehrten Fehler Humes, der fälschlicherweise Kausalität als regelmäßige Aufeinanderfolge analysiert hat. (V, 105 f.)

Schopenhauers Abhandlung über den Satz vom Grund ist nicht durchweg eine Fundgrube für tragfähige Einsichten. Fragwürdig ist bereits die Einteilung des Satzes vom Grund in vier Varianten und der zweiten in wiederum vier Untervarianten. Man kann sich nur schwer des Eindrucks erwehren, dass diese Einteilung einer ähnlichen Vorliebe für architektonische Gesichtspunkte entspringt wie Kants viergeteilte Kategorientafel in seiner *Kritik der reinen Vernunft*. Bei näherem Hinsehen stellt sich nämlich heraus, dass die dritte sich von der zweiten Variante nur darin unterscheidet, dass in der Mathematik zwar die Erkenntnis der Axiome der jeweiligen Theorien – anders als in der Logik – auf der Anschauung gegründet sein soll, die Wahrheit der einzelnen mathematischen Sätze aber in derselben Weise wie die der Sätze der Logik davon abhängt und nur dadurch erwiesen werden kann, dass sie aufgrund logisch gültiger Ableitungsregeln aus diesen Axiomen abgeleitet werden. Was die einzelnen Lehrsätze etwa der euklidischen Geometrie von Lehrsätzen der Logik unterscheidet, ist insofern nicht, dass sie aus sich selbst heraus und aufgrund der bloßen Anschauung als wahr erkannt werden können. Vielmehr kann ihre Wahrheit stets nur durch deduktiv-logische Ableitung aus den Axiomen und unter Voraussetzung der Wahrheit der Axiome erwiesen werden. Was die Mathematik nach Schopenhauer von der Logik unterscheidet, ist allein, dass dieserart Beweise zumeist als nicht besonders befriedigend empfunden werden und wir in der Regel zu einem wirklichen Verständnis des Lehrsatzes einer direkteren und anschaulicheren Erklärung bedürfen. Erst der »durch Anschauung erkannte Seynsgrund eines geometrischen Satzes« gewähre die Befriedigung, die wir von einer Erkenntnis erwarten. (V, 153)

Nach Schopenhauers eigener Auskunft war es genau dieser Abschnitt der Dissertation, der zuerst das Interesse Goethes auf ihn gelenkt hat. (Vgl. Schopenhauer 1978, 282) Goethe hat dabei möglicherweise übersehen, dass für Schopenhauer die anschauliche Evidenz in der Mathematik nicht als Erkenntnisgrund fungiert, sondern lediglich als Mittel der Veranschaulichung und Verständlichmachung. Dass, wie Schopenhauer behauptet, ein solcher anschaulicher, die Wahrheit des jeweiligen Lehrsatzes unmittelbar verständlich machender Beweis für sämtliche wahren mathematischen Sätze existiert oder sogar existieren muss (V, 154), ist allerdings kaum plausibel und wird von Schopenhauer auch nicht weiter begründet.

Fragen stellen sich auch angesichts Schopenhauers Versuch einer Abgrenzung der in der Außenwelt geltenden Kausalität von der spezifischen Beziehung zwischen dem »Willen« im Sinne der sich im Menschen bewusst und unbewusst abspielenden affektiven Prozesse und ihren körperlich-leiblichen Manifestationen. Es wird letztlich nicht klar, ob es sich bei diesem Verhältnis um ein nichtkausales Verhältnis der Selbstmanifestation handelt oder doch nur wiederum um eine Unterart eines Kausalverhältnisses, das damit eher unter die erste Form des Grund-Folge-Verhältnisses einzuordnen wäre. Was für Schopenhauer dafür spricht, diesem Verhältnis eine Sonderrolle einzuräumen, ist die Tatsache, dass wir im Regelfall bei äußeren Handlungen (also Handlungen, die körperliche Bewegungen beinhalten) wie auch bei inneren Handlungen (etwa dem gezielten Ausrichten unserer Aufmerksamkeit) den Verhaltensaspekt der Handlung von dem auf dieses Verhalten gerichteten Willensakt nur mit Mühe trennen können. Offenkundig gilt das insbesondere für das äußere Verhalten. Versuchen wir uns darüber klarzuwerden, was etwa einem »gewollten« Heben eines Arms innerlich vorausgeht, werden wir nur selten fündig. Nur in den seltenen Fällen eines vorbedachten und sorgfältig geplanten Handelns können wir überhaupt einen eigenständigen Willensakt von der ausgeführten Körperbewegung abgrenzen. Dennoch wird dadurch die Differenz zwischen einem »gewollten« und kontrollierbaren Heben des Arms und einem Sichheben des Arms aufgrund einer äußeren und dem handelnden Individuum nicht zurechenbaren Ursache nicht aufgehoben. An der einen Aktion ist der Wille des Individuums beteiligt, an der anderen nicht. Vielleicht kann dieses Beispiel die zunächst befremdliche Auffassung verständlich machen, dass das Verhältnis zwischen dem Willen zur Ausführung einer Handlung und der Handlung selbst nach Schopenhauer nicht als kausales Verhältnis verstanden werden soll. Der Wille beziehungsweise ein einzelnes Motiv manifestiere sich in der Handlung, bewirke diese aber nicht, sondern sei mit ihr ein und dasselbe. Wäre der Wille etwas Ursächliches für die Handlung – das scheint der Hintergrund für Schopenhauers These zu sein –, müsste der Wille in der Gestalt eines Willensakts der Körperbewegung zeitlich vorausgehen und vor der Ausführung als solcher für das Individuum identifizierbar sein. Dies ist aber zumindest bei der Mehrzahl der Handlungen und insbesondere bei den Routinehandlungen des Alltags nicht der Fall. Dasselbe gilt für innere Handlungen. Auch für diese postuliert Schopenhauer statt einer Kausalbeziehung zwischen Wollen und Denken eine Relation der Identität.

Freilich kann dies immer nur dann gelten, wenn sich der Willensakt, etwas Bestimmtes tun zu wollen, von seiner Verwirklichung zeitlich nicht abtrennen lässt. Sobald sich Intention und Ausführung der intendierten Handlung der zeitlichen Inzidenz nach unterscheiden, liegt es nahe, eine kausale Verknüpfung zwischen beiden anzunehmen. Insofern wird die von Schopenhauer behauptete Identität von Wille und Ausführung nicht ausnahmslos gelten können. In vielen Fällen ist der Willensakt sehr wohl von der Ausführung der Handlung unterscheidbar, ganz abgesehen davon, dass der Willensakt (wie im Fall einer Lähmung) auch lediglich zu einem misslingenden Handlungsversuch führen kann.

Ohnehin stellt sich die Frage, wie Schopenhauers These, dass das Kausalprinzip im Bereich des Willens sein Recht verliert, mit einigen an anderer Stelle getroffenen recht eindeutigen Aussagen über die Kausalität des Willens (zum Beispiel V, 55) und mit der Beschreibung der Motivation als der »Kausalität von innen gesehen« (V, 162) zu vereinbaren ist. Auch eine solche innere Kausalität, so könnte man argumentieren, muss eine Form von Kausalität sein, sieht man einmal davon ab, dass Schopenhauer an anderer Stelle – im Zusammenhang mit der Frage der Willensfreiheit – überzeugend darauf verweist, dass wir die kausalen Faktoren, denen unser inneres und äußeres Handeln unterworfen ist, gerade *nicht* »von innen sehen«, sondern allenfalls aus der ausgeführten Handlung erschließen können. (VI, 61) Der mystische Schleier, den Schopenhauer mit seiner Behauptung der Besonderheit des Verhältnisses zwischen motivierenden Willensfaktoren und Handeln und damit über die letzten Ursachen unseres Handelns breitet, wird von ihm selbst – das machen die durchweg kausalen Beschreibungsweisen unseres inneren und äußeren Verhaltens und seine wiederholten Bekenntnisse zur Determiniertheit des Willens klar – immer wieder zerrissen. Mehr noch als unser bewusstes Erleben sind die Vorgänge im Unbewussten kausal strukturiert. Wenn Schopenhauer Bedenken hat, im Bereich des Willens von Kausalität zu sprechen, dann deshalb, weil er dadurch die transzendental-überempirische Rolle des Willens gefährdet sieht.

Aber diese Bedenken können wir, nachdem wir uns für eine rein immanente Deutung von Schopenhauers Metaphysik entschieden haben, auf sich beruhen lassen. Immanent gedeutet, ist der individuelle »Wille« nichts Überempirisches, sondern der Inbegriff seiner bewussten und unbewussten affektiven psychischen Faktoren. Wenn die äußere Natur, wie Schopenhauer postuliert, dem Kausalprinzip unterworfen ist, dann wird, solange keine überzeugenden Ausnahmegründe genannt werden, für die innere Natur des Menschen als Teil derselben natürlichen Welt kaum etwas anderes gelten können.

Schopenhauer als Analytiker II:
Freiheitstheorie

Als Begriffsanalytiker bewährt sich Schopenhauer auch in der ersten seiner beiden Preisschriften, *Über die Freiheit des menschlichen Willens*. Entstanden als Beitrag zu einem 1839 von der Norwegischen Akademie der Wissenschaften ausgeschriebenen Wettbewerb, beantwortet dieser kompakt geschriebene Essay die Preisfrage »Läßt die Freiheit des menschlichen Willens sich aus dem Selbstbewußtseyn beweisen?«, geht aber in Ziel und Anspruch weit darüber hinaus, indem er die Frage der Willensfreiheit nicht nur ihrer Erkennbarkeit, sondern auch ihrer objektiven Gültigkeit nach behandelt. Die Frage, wie weit sich das Bestehen oder Nichtbestehen der Willensfreiheit aus der Introspektion erkennen lässt, beantwortet Schopenhauer verhältnismäßig knapp mit dem überzeugenden Hinweis darauf, dass die Innenschau kein denkbarer Weg zu einer Aufhellung der kausalen Hintergründe unserer Willensregungen sei. Fragen nach dem, was sich »im Rücken« des Bewusstseins abspielt, ließen sich grundsätzlich nicht mit Bezug auf Inhalte des Bewusstseins klären. Deshalb sei der Blick nach innen für das Problem der Willensfreiheit zwangsläufig unergiebig. Er zeigt uns weder, dass das Wollen verursacht ist, noch, dass es unverursacht ist, und er zeigt uns im Falle der Verursachung nicht, welches die Ursachen im Einzelnen sind. Hinzu kommt, dass wir – hier folgt Schopenhauer seinem nur selten ausdrücklich, dann aber emphatisch gewürdigten Vorbild Hume – bei dem Versuch, in uns selbst hineinzublicken, enttäuscht werden: »*Da draußen* liegt vor seinen (des Selbstbewußtseins) Blicken große helle Klarheit. Aber *innen* ist es finster, wie ein gut geschwärztes Fernrohr: kein Satz *a priori* erhellt die Nacht seines eigenen Innern; sondern diese

Leuchtthürme strahlen nur nach außen.« (VI, 61) Der Blick nach innen erlaubt uns weder einen Blick auf ein »Selbst« als den geheimen Täter unserer Taten noch auf die geheimen Antriebe unseres Wollens. Falls unser Wollen Ursachen hat, sind diese für uns lediglich aus derselben Außenperspektive (dem »Bewußtseyn anderer Dinge«) erschließbar, in der sie es auch für andere sind.

Bevor Schopenhauer auf die von der Akademie gestellte Preisfrage eingeht, lässt er auch hier zunächst ein Kapitel mit dem Titel »Begriffsbestimmungen« vorangehen, unter anderem weil er überzeugt ist, dass die zahlreichen mit der Frage nach der Willensfreiheit verbundenen Missverständnisse im Wesentlichen darauf zurückzuführen sind, dass nicht hinreichend zwischen verschiedenen Freiheitsbegriffen unterschieden wird. So hatte etwa Kant den Ausdruck »Freiheit« unterschiedslos sowohl als Gegenbegriff zum Determinismus – der These der durchgängigen Unterworfenheit des Willens unter deterministische Naturgesetze – als auch als Gegenbegriff zur Abhängigkeit des Willens von sinnlichen Auslösern (»Neigungen«) verwendet. Daraus hatte sich in Kants Moralphilosophie das Paradox ergeben, dass jeder, der frei handelt, damit auch schon moralisch richtig (nämlich nach moralischen Grundsätzen statt nach seinen »Neigungen«) handelt, und folglich jeder, der moralisch falsch handelt, unfrei handelt, was zu implizieren scheint, dass dem unmoralisch Handelnden sein Handeln nicht vorgeworfen werden darf. Erst in seiner späten Schrift zur Religionsphilosophie hat Kant diese Auffassung korrigiert.

Eine Unterscheidung zwischen verschiedenen Freiheitsbegriffen ist für Schopenhauer aber noch aus einem anderen, seinen eigenen Lösungsvorschlag betreffenden Grund vordringlich. Wie viele andere Deterministen, die die menschlichen Willensentscheidungen für kausal bedingt halten und nicht davon ausgehen, dass mit allen oder bestimmten Willensentscheidungen eine Kausalkette neu begonnen wird, möchte auch Schopenhauer damit dem Menschen nicht jegliche Form von Willensfreiheit absprechen. Er möchte sich nicht auf die wenig attraktive Position verpflichten, dass der Mensch, weil er nicht absolut frei und der absolut letzte Urheber seiner Handlungen ist, in dem Sinne unfrei ist, dass er in keiner Weise der Urheber seiner Handlungen ist oder dass er – wie im Fall eines äußeren Zwangs – gänzlich von außen gesteuert wird.

Auch hier sucht Schopenhauer wieder zunächst nach dem Gemeinsamen, das die verschiedenen Freiheitsbegriffe zusammenbindet, und findet es in der Abwesenheit eines wie immer gearteten Hindernisses: Frei zu sein heißt, in seinem Wollen und Handeln ungehindert zu sein, und jede der drei von Schopenhauer unterschiedenen Arten von Freiheit bedeutet die Abwesenheit einer bestimmten Art von Hindernis. Frei im Sinne der Handlungsfreiheit (»physische« Freiheit) ist derjenige, bei dem sich kein äußeres Hindernis zwischen seinen Willen und die Ausführung des Willens schiebt. Wer von sich sagt, dass er frei ist, meint in den meisten Fällen diese Art von Freiheit: Er kann ungehindert tun, was er will. Wer von sich sagt, dass er unfrei ist, meint in der Regel die entsprechende Unfreiheit: Er kann *nicht* ungehindert tun, was er will. Handlungsfreiheit ist nach Schopenhauer der für die meisten vertrauteste und am häufigsten verwendete Freiheitsbegriff – was nicht darüber hinwegtäuschen darf, dass unsere Urteile darüber, wie weit wir über Handlungsfreiheit verfügen, von der Erfahrung abhängig und deshalb niemals völlig sicher sind. Wie Hume gezeigt hat, kann eine subjektiv noch so gewisse Überzeugung »Ich kann tun, was ich will« jederzeit durch die Erfahrung widerlegt werden.

Die zweite, über die Handlungsfreiheit hinausgehende Form von Freiheit nennt Schopenhauer »intellektuelle« Freiheit, wobei das die Freiheit beschränkende Hindernis in mangelndem *Wissen* beziehungsweise in der mangelnden Fähigkeit zur *Steuerung* des Willens liegt. Wer »intellektuell« unfrei ist, will und tut nicht das, was er *eigentlich* will, weil er – etwa aufgrund eines Irrtums oder einer Fehlinformation – die Folgen seines Handelns falsch einschätzt oder – in einem Zustand verminderter Zurechnungsfähigkeit – nicht weiß, was er tut, oder weiß, was er tut, dies aber nicht seinem Willen entspricht.

Von diesen beiden Formen der Unfreiheit ist diejenige in der Geschichte der Philosophie und der Theologie immer wieder diskutierte Willensfreiheit zu unterscheiden, die mit der Geltung des Kausalprinzips im Bereich der menschlichen Motivation unvereinbar ist, die von Schopenhauer so genannte »moralische Freiheit«. Wer »moralisch« unfrei ist, ist unfrei lediglich insofern, als er nicht die erste und einzige Ursache seines Willens ist: Dieser Wille folgt nach dem Prinzip der Kausalität aus den vorangehenden kognitiven und motivationalen Zuständen des Akteurs.

Zwei Aspekte sind in Schopenhauers Analyse des Freiheitsbegriffs von ganz besonderer Bedeutung. Erstens macht er nicht nur die Sonderstellung des »klassischen« Freiheitsbegriffs deutlich, sondern auch die Schwierigkeit, diesen Begriff überhaupt als Freiheitsbegriff zu verstehen. Folgt man Schopenhauers Analyseansatz und versteht Freiheit als die Abwesenheit eines Hindernisses, ist gar nicht mehr offensichtlich, dass die von den Indeterministen behauptete Aufhebung des Kausalnexus im Vorfeld von Willensentscheidungen sehr viel mit Freiheit zu tun hat. Die Voraussetzung der traditionellen Diskussion, dass Unverursachtheit Freiheit bedeutet, ist in demselben Maße rätselhaft, in dem unklar ist, welches Hindernis dadurch wegfällt, dass ein Wollen als nicht verursacht aufgefasst wird. Denn damit überhaupt von einem Hindernis gesprochen werden kann, müssen zwei Dinge gegeben sein: ein Wollen und etwas Widerständiges, das sich diesem Wollen in den Weg stellt. Wie kann aber, so muss man fragen, etwas ein Hindernis sein, das, wie die Verursachung des Wollens, dem Willen vorausliegt? Wie kann etwas einen Willen behindern, wenn dieser sowohl seiner Entstehung als auch seiner Verwirklichung im Handeln nach auf keinerlei Hindernis stößt? Weniger die Tatsache, dass

Schopenhauer eine »kontrakausale« Freiheit leugnet – darauf ist er bereits durch seine von Kant übernommene These von der notwendigen und universalen Geltung des Kausalprinzips festgelegt –, ist bemerkenswert an seiner Freiheitslehre als vielmehr sein Hinweis darauf, wie weit die Willensfreiheit von der Freiheit entfernt ist, an der uns im Denken, Wollen und Handeln gelegen ist. Woran uns gelegen ist, ist Selbstbestimmung oder Autonomie. Diese scheint jedoch eine kausale Bedingtheit des Wollens nicht auszuschließen, zumindest dann nicht, wenn die Ursachen des Wollens in unserem Charakter und unseren Überzeugungen liegen und nicht in äußeren Faktoren.

Bemerkenswert an Schopenhauers Analyse ist zweitens, dass er der Frage nach der Willensfreiheit, so wie sie traditionell verstanden worden ist, jede anthropologische und jede praktische Bedeutung abspricht. Weder die spezifisch menschliche Fähigkeit zur vernünftigen Verhaltenssteuerung noch die Frage nach Recht und Unrecht staatlicher Bestrafung gesetzeswidrigen Verhaltens ist von Freiheit im Sinne kontrakausaler Willensfreiheit abhängig. Soweit dem Menschen in der Gesamtheit der Natur eine Sonderstellung zukommt, wird diese hinlänglich durch zwei Formen von Freiheit beschrieben, die beide mit der kausalen Bedingtheit des Willens vereinbar sind.

Die erste mit der kausalen Bedingtheit des Willens vereinbare Fähigkeit des Menschen ist die, sein Verhalten nicht nur an den ihm aktuell und sinnlich gegebenen Auslösern, sondern auch an *inneren* Auslösern auszurichten, das heißt an Prinzipien, Maximen, Absichten, Erinnerungen und Zukunftsplanungen. Schopenhauer nennt diese Freiheit »relative Freiheit« (VI, 74).

Dafür bedarf es zweier Vermögen, über die der Mensch, aber kein nichtmenschliches Lebewesen verfügt: der Begriffsbildung und der Fähigkeit, über eine Vielzahl einzelner Erfahrungen zu verallgemeinern. Dadurch, dass der Mensch über die Fähigkeit verfügt, sein Verhalten an Motiven auszurichten, die von der jeweiligen Situation und ihrer anschaulichen Gegebenheit unabhängig sind, eröffnet sich den menschlichen Reaktionen auf das, was ihm in der äußeren und inneren Erfahrung begegnet, ein wesentlich erweiterter Spielraum an Vielfalt, Flexibilität, Individuierung und Reflektiertheit. Während Tiere – für Schopenhauer wie für viele andere – »Augenblicksmenschen« sind, lebt der Mensch in Vergangenheit, Gegenwart und Zukunft zugleich und vermag sich dem Sog des unmittelbar Gegebenen durch reflexive Distanzierung zu entziehen.

Die zweite mit der kausalen Bedingtheit des Willens vereinbare Form von Freiheit ist eine Fähigkeit, die mit Schopenhauers Überzeugung von der Unveränderlichkeit des Charakters (die ihn vor allem in Pädagogenkreisen unbeliebt gemacht hat) zunächst im Widerspruch zu stehen scheint, tatsächlich aber eng mit ihr verknüpft ist. Schopenhauer ist der Überzeugung, dass der individuelle Charakter von Geburt an feststeht und der Einzelne seinen Charakter im Vollzug seines Lebens lediglich entdecken, aber nicht gestalten kann. Deshalb nennt er diesen Charakter »empirischen Charakter«. »Selbstverwirklichung« kann es danach nur in der Weise geben, dass wir unseren feststehenden Charakter sich wie ein organisches Geschehen entfalten lassen, so wie es Goethe in der Strophe »Daimon« seines Gedichts *Urworte, Orphisch* (»eine der schönsten Strophen Goethes«; VI, 96) ausgedrückt hat:

»Wie an dem Tag, der dich der Welt verliehen,
Die Sonne stand zum Gruße der Planeten,
Bist alsobald und fort und fort gediehen,
Nach dem Gesetz, wonach du angetreten.
So mußt du seyn, dir kannst du nicht entfliehen,
So sagten schon Sibyllen, so Propheten;
Und keine Zeit und keine Macht zerstückelt
Geprägte Form, die lebend sich entwickelt.«

Danach ist der Charakter eine aristotelische Entelechie, die der Einzelne lediglich bei ihrer Entfaltung beobachten, aber nicht steuern kann. Unser Charakter ist uns gegeben wie ein Naturgesetz, dem wir uns nicht entziehen können. Der Vergleich mit einem Naturgesetz zeigt allerdings, dass der »empirische Charakter« durchaus auch Freiheitsspielräume eröffnet, und zwar dadurch, dass wir ihn als so und so beschaffen erkennen. Dadurch sind wir in der Lage, ihn in unserem Verhalten ins Kalkül zu ziehen. Wie uns die Kenntnis der Naturgesetze erlaubt, sie gezielt zur Verwirklichung unserer Zwecke einzusetzen, erlaubt es uns die Kenntnis unseres individuellen »empirischen Charakters«, die Stärken unseres Charakters aus- und die Schwächen herunterzuspielen. Auch wenn es uns nicht gelingt, gänzlich »über unseren Schatten zu springen«, verschafft uns die im Verlauf unseres Lebens stets bessere Bekanntschaft mit unseren Stärken und Schwächen die Möglichkeit, unsere Lebensführung so auszurichten, dass dieser »Schatten« für uns selbst und andere nicht zum Schaden wird. Der Mensch vermag zwar seinen angeborenen Charakter nicht umzupolen, er vermag jedoch – mit zunehmender Kenntnis der eigenen Charakterdispositionen – die Gelegenheiten und Anlässe, zu denen sich diese manifestieren, so zu steuern, dass sie für ihn und andere bekömmlich sind. Auf diese Weise wird aus dem »empirischen« der »erworbene« Charakter. Dieser und nur dieser ist der Gegenstand der Erziehung. Erziehung ist Prägung des »erworbenen« und nicht des »empirischen« Charakters, im Wesentlichen durch Belehrung über den Weltlauf und die Natur des Menschen sowie durch das Wecken von Einsichten und die Übung der Vernunft. Auf diese Weise könne es trotz der Unveränderlichkeit des Charakters gelingen, »Motiven, für welche ohne sie der Mensch verschlossen bliebe, den Zugang« zu öffnen. (VI, 91) Damit ist – über die »relative Freiheit« hinaus – eine zweite Form von Freiheit definiert, die allein dem Menschen zur Verfügung steht. Beide zusammen sind nach Schopenhauer völlig hinreichend, um die Plastizität des menschlichen Handelns und die Wirkungsweise von Erziehung und Moral zu erklären. Der Annahme einer darüber hinausgehenden Willensfreiheit bedarf es dazu nicht.

Auch für die Frage nach Berechtigung und Ausgestaltung der Praxis staatlichen Strafens ist die Frage, ob der Mensch über Willensfreiheit verfügt, nicht relevant. Begründet ist dieses Urteil einmal darin, dass Schopenhauer in bewusster Entgegensetzung zu Kants Theorie der Vergeltungsstrafe eine »relative Straftheorie« vertritt, nach der sich die Institution staatlich verhängter Strafen nicht durch die Notwendigkeit oder Angemessenheit von Sühne und Vergeltung, sondern ausschließlich durch die Verhinderung zukünftiger Übel rechtfertigt. Strafgesetze bestehen danach nur insoweit zu Recht, als sie Aussichten begründen, potenzielle Straftäter (einschließlich des Bestraften selbst) von künftigen Straftaten abzuhalten. Um diese Funktion zu erfüllen, ist es jedoch nicht notwendig, dass der Mensch über Willensfreiheit verfügt. Im Gegenteil: Wäre der Straftaten zugrunde liegende kriminelle Wille ohne kausale Vorgänger im Denken und Wollen des Straftäters, verlöre das Strafrecht seinen Sinn, da sich ein unverursachter und insofern zufälliger Wille nicht steuern ließe, weder durch Strafandrohung noch durch Erziehung: »Die Gesetze gehn aus von der richtigen Voraussetzung, daß der Wille nicht moralisch frei sei, in welchem Fall man ihn nicht *lenken* könnte; sondern daß er der Nöthigung durch Motive unterworfen sei: demgemäß wollen sie allen etwanigen Motiven zu Verbrechen stärkere Gegenmotive, in den angedrohten Strafen, entgegenstellen, und ein Kriminalcodex ist nichts Anderes, als ein Verzeichniß von Gegenmotiven zu verbrecherischen Handlungen.« (VI, 140)

Schopenhauers Theorie der Strafe ist auch heute noch von Interesse, da sie zum einen – in der Nachfolge Beccarias und Anselm von Feuerbachs – eine besonders reine Form einer ausschließlich folgenorientierten Begründung der Institution Strafe formuliert und zum anderen (zumindest implizit) auch auf die Differenzen hinweist, die zwischen den Ergebnissen einer solchen Begründung und verbreiteten intuitiven Urteilen über Art und Ausmaß der Strafwürdigkeit bestehen. Wenn man Schopenhauers Straftheorie als »folgenorientiert« oder »konsequenzialistisch« bezeichnet, ist das zunächst mit einem Vorbehalt zu versehen: Für Schopenhauer wie für die meisten modernen Konsequenzialisten setzt die Folgenabwägung nicht bei der einzelnen Bestrafung an, sondern bei den Strafgesetzen. Nicht die zu erwartenden Folgen eines einzelnen Strafurteils entscheiden darüber, ob es berechtigt oder unberechtigt ist, vielmehr entscheiden die Folgen der Geltung eines allgemeinen Strafgesetzes darüber, wie weit es zu Recht besteht. Das einzelne Strafurteil soll im Dienste der Rechtssicherheit ausschließlich dem einschlägigen – von Schopenhauer als Ergebnis eines zwischen den Bürgern geschlossenen Vertrags gedeuteten – Gesetz folgen.

Dennoch ergeben sich an mindestens zwei Punkten Differenzen zu verbreiteten intuitiven Urteilen. Erstens scheint das populäre Urteil das Ausmaß, in dem eine Straftat moralische Normen und Werte verletzt, stärker zu gewichten, als dies einer rein folgenorientierten Straftheorie möglich ist. Für diese kommt es primär auf den möglichen zukünftigen Schaden an, der durch ein Strafgesetz verhindert wird, weniger darauf, wie weit dieser mögliche Schaden auf unmoralische Absichten und Motive zurückgeht. Strafe soll primär von schädigendem Verhalten abhalten, nicht von Unmoral. Demgegenüber könnte im Rahmen eines Vergeltungsprinzips das Strafmaß nicht nur nach der Gefährlichkeit und Häufigkeit einer Straftat, sondern auch nach ihrer moralischen Qualität abgestuft werden. Zweitens muss eine rein folgenorientierte Straftheorie die versuchte Straftat sehr viel schärfer sanktionieren, als es dem allgemeinen Urteil entspricht, das sich stärker an dem tatsächlich eingetretenen Schaden orientiert. Da nach folgenorientierter Auffassung gilt, dass »das Gesetz [...] die Tath strafen [will], nicht den Erfolg rächen«, sollte die Strafe etwa für den zufällig vereitelten Mordversuch nicht geringer sein als die für Mord. (IV, 701) Das heißt nicht, dass die Strafgesetze alle näheren Umstände einer Straftat unberücksichtigt lassen dürfen. Auch subjektive Faktoren wie die »Stärke der zur verbotenen Handlung antreibenden Motive« dürfen im Strafmaß berücksichtigt werden (IV, 701), etwa weil die »kriminelle Energie« des Täters Rückschlüsse auf die Wiederholungsgefahr erlaubt. Ein »freier Wille« im Sinne einer Ausnahme von der Kausalgesetzlichkeit gehört allerdings nicht dazu. Ein derartiger »freier Wille« ist zur Legitimation der Strafe nicht nur nicht erforderlich, er ist für Schopenhauer als Verfechter eines durchgängigen Kausalprinzips von Anfang an nichts anderes als eine Illusion.

Falls die Vorstellung von der Willensfreiheit eine Illusion ist, stellt sich allerdings die Frage, warum sie sich einer so weiten Verbreitung erfreut, selbst unter »gebildeten, aber nicht tief denkenden Leuten« (VI, 74). Schopenhauers Antwort darauf nimmt einen beträchtlichen Teil seiner ersten Preisschrift ein. Sie lautet, dass dafür insgesamt vier verschiedene Quellen identifiziert werden können: begriffliche Konfusion, oberflächliches Denken, Fehldeutungen der inneren Erfahrung und interessenbedingte Verfälschungen. Die erste besteht in der Verwechslung der Willensfreiheit einerseits mit der Handlungsfreiheit, andererseits mit der für den Menschen charakteristischen »relativen Freiheit«. Beide sind mit einer kausalen Bedingtheit des Wollens unproblematisch vereinbar. Auch der durch Prinzipien wie den kategorischen Imperativ bestimmte Wille ist ein bedingter Wille, nur dass er in diesem Fall durch längerfristige Überzeugungen statt durch das in der Anschauung hier und jetzt Gegebene bestimmt wird. Die zweite Irrtumsquelle liegt in dem Versäumnis, sich die wenig annehmbaren Konsequenzen der indeterministischen Sichtweise klarzumachen, aufgrund derer jede menschliche Handlung ein Zufallsereignis und damit ein »unerklärliches Wunder« wäre. (VI, 84) Zumal für moralische Handlungsmotive, die Kant als unverursacht aufgefasst hat, gilt, dass sie in der Regel fest im Charakter eines Menschen verwurzelt sind und sehr viel weniger als Augenblicksimpulse Zufallsschwankungen ausgesetzt sind. Drittens führt uns nach Schopenhauer auch unsere introspektive Freiheitserfahrung in die Irre – was erklärt, dass wir dazu neigen, Willensfreiheit jeweils nur uns selbst und nicht auch allen anderen zuzuschreiben: Wir erfahren uns als frei, insofern wir über die Möglichkeit verfügen, uns den von der unmittelbaren Erfahrung ausgehenden Anmutungen zu entziehen und unseren Willen an »abstrakten, aus bloßen Gedanken bestehenden Motiven« zu orientieren. Diese Erfahrung legt irreführenderweise nahe, unser Wollen sei ein »erster Anfang einer unabsehbaren Reihe dadurch herbeigeführter Veränderungen« (VI, 80). Die vierte Quelle der Freiheitsillusion ist die für Schopenhauer charakteristischste: Hinter der Freiheitsillusion verbergen sich bestimmte, bewusst oder unbewusst wirkende *Interessen*. Erstens kommt die Überzeugung von der Willensfreiheit dem Wunsch nach Verdrängung unliebsamer Motive – und damit der Aufrechterhaltung eines positiven Selbstbilds – entgegen, indem sie es so erscheinen lässt, als entstehe das Handeln aus dem Augenblick, womit sich die Frage nach den im Hintergrund stehenden tieferen Motiven erübrigt. Und zweitens unterstellt Schopenhauer den philosophischen und theologischen Fürsprechern der Willensfreiheit, wie bereits oben vermerkt, interessenbedingte Wahrnehmungsverzerrungen und – in der Nachfolge der »Priestertrugstheorien« der französischen Aufklärungsphilosophen – sogar bewusste Irreführungsabsichten: Die Willensfreiheit sei nicht nur ein Irrtum, sondern eine bewusste Fiktion – zur höheren Ehre Gottes, der als Schöpfer der Welt auf diese Weise von der Schuld am Übel der Welt (zumindest soweit es willentlich menschengemacht ist) entlastet wird.

Schopenhauers Freiheitstheorie bedeutet gemessen an der kantischen in vielerlei Hinsicht einen philosophischen Fortschritt. Sie differenziert sehr viel genauer die verschiedenen Weisen, in denen wir einem Individuum Freiheit zuschreiben können; sie argumentiert plausibel dafür, dass wir auch und gerade dann, wenn wir uns von internalisierten Prinzipien leiten lassen, davon ausgehen müssen, dass unser Wille durch die in unserem Charakter angelegten bewussten und unbewussten Motive bestimmt ist; und sie liefert eine Reihe von – unterschiedlich plausiblen – Erklärungen dafür, warum es uns dennoch schwerfällt, uns von der Selbstzuschreibung einer weiter gehenden Form von Willensfreiheit zu trennen.

Gleichzeitig weist Schopenhauers Diskussion auch spürbare Lücken auf. So übersieht er, dass äußerer oder innerer Zwang nicht nur die Handlungsfreiheit, sondern auch die Willensfreiheit einschränken kann, zum Beispiel wenn man durch die Drohung mit einem unannehmbaren Übel dazu gezwungen wird, etwas anderes zu wollen (etwa ein Lösegeld zu zahlen), als man normalerweise wollen würde. Während Schopenhauer dazu neigt, die verdoppelnde Redeweise davon, dass wir »wollen, was wir wollen«, als tautologisch und leer zu betrachten (VI, 59), hat es in solchen Fällen einen guten Sinn, zu sagen, dass man unter dem Eindruck der Drohung etwas will, von dem man nicht will, dass man es will. Die Freiheit, zu wollen, was man will, ist mehr als Handlungsfreiheit und weniger als die klassische Willensfreiheit. Sie ist mehr als Handlungsfreiheit, weil derjenige, der gezwungenermaßen etwas will und tut, was er andernfalls nicht wollen würde, nicht nur die Erfahrung einer Unfreiheit seines *Handelns*, sondern auch die der Unfreiheit seines *Wollens* macht. Von der Willensfreiheit im klassischen Sinn unterscheidet sie sich andererseits dadurch, dass sie mit der Annahme durchgängiger Kausalität offenkundig vereinbar ist.

Eine Schwäche von Schopenhauers Argumentation ist zweifellos der Dogmatismus, mit dem er von der Ausnahmslosigkeit des Kausalnexus ausgeht. Warum sollten nicht zumindest einige Willensentscheidungen zufällig sein in dem Sinn, dass sie sich lediglich statistisch erklären lassen, etwa in Situationen der Indifferenz, in denen wir zwischen zwei oder mehreren Möglichkeiten unentschieden sind und ein Einfall oder eine Laune als »Zünglein an der Waage« wirkt? Solange diese Zufallsentscheidungen nicht dem Charakter des Betreffenden zuwiderlaufen, sondern sich innerhalb der Variationsbreite der auch sonst manifestierten Denk- und Verhaltensgewohnheiten eines Individuums bewegen, lassen sie sich trotz ihres Zufallscharakters dem jeweiligen Akteur zurechnen und müssen insofern nicht zwangsläufig als »Wunder« verbucht werden.

Fragen wirft auch die Sicherheit auf, mit der sich Schopenhauer zur Willenskausalität äußert. Während er daran zweifelt, dass uns das Selbstbewusstsein Aufschlüsse über die *Ursachen* unserer Willensregungen geben kann, zweifelt er offenbar nicht daran, dass es uns über die *Folgen* Aufschlüsse geben kann und dass »die Abhängigkeit unsers Thuns, d. h. unserer körperlicher Aktionen, von unserm Willen, [...] durch das Selbstbewußtsein allerdings aus[ge]sagt« wird. (VI, 55) Das Bewusstsein soll zwar unfähig sein, etwas über die kausalen Beziehungen auszusagen, die Willensakten *vorangehen*, es soll aber etwas über die kausalen Beziehungen sagen können, die Willensakten *nachfolgen*. Hinsichtlich der kausalen Einwirkung des Bewusstseins auf den Körper bei (äußeren) Handlungen scheint Schopenhauer das Selbstbewusstsein als Erkenntnisquelle für mehr oder weniger untrüglich zu halten. Die Sicherheit, mit der er die Evidenz der mentalen Kausalität behauptet, passt jedoch kaum zu seiner ansonsten bewiesenen Skepsis gegenüber der Introspektion als Erkenntnisquelle, sie passt auch schlecht zu seiner Argumentation gegen Kants Begründung der notwendigen Allgemeingültigkeit der Kausalität in seiner Dissertation, nach der »Erscheinungen sehr wohl *auf einander folgen* können, ohne *aus einander zu erfolgen*« (V, 104).

Eine regelmäßige Aufeinanderfolge kann jedoch in unterschiedlicher Weise kausal gedeutet werden. Dass die Willensregung die alleinige Ursache der Körperbewegung ist, ist nur eine Möglichkeit. Eine andere ist, dass die Willensregung neben anderen Teilursachen Teilursache der Körperbewegung ist; eine dritte die, dass die Willensregung an der Hervorbringung der Körperbewegung kausal gar nicht beteiligt ist, sondern lediglich ein Symptom der Ursache oder einer der Teilursachen der Körperbewegung ist, zum Beispiel eines bestimmten Vorgangs im Gehirn.

Auch Schopenhauers Erklärung der Freiheitsillusion weist eine Lücke auf: die Tatsache, dass der Gedanke, unsere Willensentscheidungen seien kausal determiniert, nicht nur an empirisch-psychologischen, sondern an begrifflichen Grenzen zu scheitern scheint. Zu einer Willensentscheidung gehört es, dass zuvor noch nicht oder zumindest nicht *sicher* feststeht, wie sie ausfallen wird. Zu ihr gehört notwendig auch, dass es uns als Entscheidern im Augenblick der Entscheidung unmöglich ist, uns determiniert zu denken, was nicht heißt, dass wir uns nicht voraus- oder rückblickend als determiniert denken können. Dieses Nichtkönnen drückt nicht nur ein psychologisches Unvermögen, sondern eine strukturelle Unmöglichkeit aus. Es ist gar nicht denkbar, gleichzeitig eine Entscheidung zu treffen und das Ergebnis der Entscheidung als durch ihre kausalen Bedingungen festgelegt zu denken. Auch wenn dieses Nicht-denken-Können nicht ausreicht, irgendetwas über das objektive Bestehen oder Nichtbestehen von Kausalität auszusagen, dürfte es doch zumindest beim Zustandekommen der Willensfreiheitsillusion – sofern sie eine Illusion ist – eine wichtige, wenn nicht sogar die wichtigste Rolle spielen.

Leiden und Erlösung vom Leiden

Charakteristisch für Schopenhauers hermeneutische Methode ist, dass er sich bei der Interpretation der Welt nicht nur von theoretischen Kriterien wie Widerspruchsfreiheit, Geschlossenheit und Systematisierung leiten lässt, sondern auch von Kriterien der expressiven Adäquatheit. Die Wahrheit oder Unwahrheit einer philosophischen Interpretation soll sich nicht nur danach bemessen, inwieweit sie es erlaubt, die Beschaffenheit der Erscheinungswelt zu erklären und uns auf das, was wir über die Welt wissen, einen Reim zu machen. Sie soll auch das widerspiegeln, was wir konkret in der Welt und in uns selbst erleben, und dem eine Stimme geben, was diese Erlebnisse an gefühlsmäßiger Betroffenheit in uns auslösen. Die Philosophie ist für Schopenhauer unter anderem auch ein Ausdrucksmedium. Insofern ist sie der Kunst verwandt. Wie die Kunst soll sie allerdings nicht nur einen höchstpersönlichen und idiosynkratischen Bewertungsstandpunkt wiedergeben, sondern einen überpersönlichen und tendenziell allgemeingültigen, zumindest einen, der auf eine gewisse Resonanz bei anderen zählen kann. Die expressive Funktion schließt in einem bestimmten Maße eine kommunikative mit ein.

Entsprechend ist die Position, aus der Schopenhauer die Welt beschreibt, innerlich engagiert, aber gleichzeitig auch distanziert. Die Perspektive, aus der Schopenhauer auf die Welt blickt, ist bei aller Vertrautheit mit der Welt gleichzeitig auch die Perspektive eines Beobachters, der die Welt mit fremden Augen sieht. Er ist verwandt mit dem in der analytischen Philosophie bekannten Marsmenschen, nur dass bei Schopenhauer der Betrachter nicht vom Mars kommt, sondern aus dem, was er in seinen Jugendschriften »besseres Bewusstsein« genannt hat (vgl. Schopenhauer

1985a, I, 23), ein Ewigkeitsstandpunkt jenseits von Raum und Zeit.

Was sieht dieser mit fremden Augen auf die Welt gerichtete Blick? Zuallererst das, was spätere Philosophen als »das Absurde« bezeichnet haben und Schopenhauer in der Tat als »etwas [...] augenscheinlich Absurdes« beschreibt (IV, 556): die objektive Sinnlosigkeit des menschlichen Treibens von außen wie von innen gesehen. »Es ist wirklich unglaublich, wie nichtssagend und bedeutungsleer, von außen gesehn, und wie dumpf und besinnungslos, von innen empfunden, das Leben der allermeisten Menschen dahinfließt. Es ist ein mattes Sehnen und Quälen, ein träumerisches Taumeln durch die vier Lebensalter hindurch zum Tode, unter Begleitung einer Reihe trivialer Gedanken.« (II, 402)

Sinnlos erscheint die Menschenwelt aus der Außenperspektive, weil sie erstens zum Untergang bestimmt ist (mag dieser auch noch einige Zeit auf sich warten lassen) und weil sie sich zweitens unaufhörlich in einem Teufelskreis bewegt. Sie lässt keinen wie immer gearteten moralischen Fortschritt erkennen: »Was die Geschichte erzählt, ist [...] nur der lange, schwere und verworrene Traum der Menschheit.« (IV, 521) Die bisherige Geschichte der Menschheit lasse keinen Schluss darauf zu, dass der Mensch in Zukunft (wie es Kant erhoffte) friedfertiger und humaner mit seinesgleichen umgehen werde.

Und sinnlos erscheint sie erst recht aus der Innenperspektive – aus der Perspektive derjenigen, die zwischen den Ewigkeiten des Nichtseins ein kurzes und von Leiden, Angst und Sorge beherrschtes Dasein fristen. Die Welt ist ein »Tummelplatz gequälter und geängstigter Wesen«, in der das Gesetz des Dschungels herrscht und »jedes reißende Thier das lebendige Grab tausend anderer und seine Selbsterhaltung eine Kette von Martertoden ist« (IV, 680). Als solche ist sie eine Fehlkonstruktion, die mit jeder Stunde ihrer Existenz belegt, dass sie unmöglich von einem Gott geschaffen sein kann: »Wenn ein Gott diese Welt gemacht hat, so möchte ich

nicht der Gott seyn: ihr Jammer würde mir das Herz zerrei-
ßen.« (Schopenhauer 1985 a, III, 57) Schopenhauer verurteilt
deshalb alle Versuche einer Theodizee, der Auflösung des
Widerspruchs zwischen dem moralischen und nichtmorali-
schen Übel der Welt und der Annahme, dass sie von einem
allgütigen und allmächtigen Gott erschaffen worden ist, mit
derselben zynischen Schärfe, mit der sie Voltaire in seinem
Candide zum Gegenstand des Spotts gemacht hat. Der Opti-
mismus leibnizscher Prägung, nach dem diese Welt die beste
aller möglichen Welten sein muss (da sie andernfalls ein all-
gütiger und allmächtiger Gott nicht erschaffen haben würde),
verrate eine ebenso absurde wie »wahrhaft ruchlose Den-
kungsart« (II, 408). Sie verbiete sich nicht nur, weil sie den
Tatsachen nicht gerecht wird, sondern auch, weil sie, als
»bitterer Hohn über die namenlosen Leiden der Menschheit«
(II, 408), die Opfer des Weltlaufs beleidigt. Insofern liegt das
einzige Verdienst, das Schopenhauer der Theodizee zugesteht, darin, dass »sie später Anlaß gegeben hat zum unsterb-
lichen *Candide* des großen *Voltaire*« (IV, 682).

Bei Schopenhauer ist die pessimistische Grundhaltung eine
solch durchgängige Konstante und gewissermaßen der Can-
tus firmus seiner Philosophie, dass man darüber leicht die
Nuancierungen übersieht, mit denen er – je nach Kontext
wechselnd – seine These vom Vorrang des Übels vertritt. Insgesamt lassen sich vier Varianten der Pessimismusthese unterscheiden, von der jede in sehr unterschiedlichem Maße
glaubwürdig und akzeptabel erscheint.

Die *erste* und – wie bereits oben vermerkt – eher als rheto-
rische Übertreibung denn als ernstgemeinte These zu inter-
pretierende Variante ist, dass die Welt, wie wir sie vorfinden,
die schlechteste aller möglichen Welten ist. (IV, 683) Das ist
eine starke und eigentlich unmögliche These, denn Schopenhauers Philosophie zeigt ja, indem sie Wege zur Befreiung
aus dem Kreislauf des Schreckens aufweist, dass diese Welt
eine solche ist, die eine Erlösung nicht von vornherein ausschließt. Eine Welt ohne diese Wege – ein Zuchthaus ohne

Ausgang, ein Rad des Ixion, das niemals stillsteht – wäre definitiv schlechter. Dennoch versucht Schopenhauer seine extremistische These durch Argumente abzusichern, mögen diese auch reichlich spekulativ und wenig überzeugend sein. Einmal verweist er auf die Theorie »der Astronomen«, nach der nur geringfügige Störungen im kosmischen System die bestehende Welt unmöglich machen würden: Die Existenz der Welt hängt gewissermaßen an einem seidenen Faden – heute spricht man vom *fine tuning* des Universums. Wenn die Naturkonstanten nur geringfügig anders wären, als sie es de facto sind, könnte kein Leben existieren. Allerdings zeigt diese Theorie allenfalls die Unwahrscheinlichkeit der Existenz von Leben im Kosmos, nicht dessen abgrundtiefe Schlechtigkeit. Es wird nicht gezeigt, dass »diese Welt so eingerichtet [ist], wie sie seyn mußte, um mit genauer Noth bestehn zu können: wäre sie aber noch ein wenig schlechter, so könnte sie schon nicht mehr bestehn« (IV, 683). Auch wenn eine noch schlechtere Welt möglicherweise mit den grundlegenden Strukturen des Universums nicht vereinbar wäre, wäre sie zumindest denkbar.

Ein weiteres Argument überträgt dasselbe Argumentationsmuster auf die Biologie. Die Naturausstattung der Lebewesen sei jeweils nur so knapp bemessen, dass sie sich gerade noch fortpflanzen können. Nur Selbsterhaltung und diese auch nur zum Zweck der Fortpflanzung liege im Interesse der Natur. Und dieses Interesse verfolge die Natur mit äußerster Ökonomie. Sie investiert nur in Dinge, die der Fortpflanzungsfähigkeit zugutekommen, etwa in Robustheit und kämpferische Selbstbehauptung, nicht aber in Glück: »Die Thiere haben an Organen und Kräften genau und knapp so viel erhalten, wie zur Herbeischaffung ihres Lebensunterhalts und Auffütterung der Brut, unter äußerster Anstrengung, ausreicht; daher ein Thier, wenn es ein Glied, oder auch nur den vollkommenen Gebrauch dessen, verliert, meistens umkommen muß [...] so daß das individuelle Leben in unaufhörlichem Kampfe um die Existenz selbst

hin[geht]; während bei jedem Schritt ihm Untergang droht.«
(IV, 684)

Es ist nicht unwahrscheinlich, dass das von Schopenhauer gezeichnete Bild des Kampfes um knappe Ressourcen in der Zeit der großen Popularität seiner Philosophie, von 1850 bis 1918, dazu beigetragen hat, dass der darwinsche »struggle for existence« einseitig als »*Kampf* ums Dasein«, der darwinsche »struggle for life« einseitig als »Überlebens*kampf*« interpretiert wurde – so als wäre jede Konkurrenz um Ressourcen notwendig eine Form kämpferischer, aggressiver Auseinandersetzung. Aber nicht jede Konkurrenz nimmt die Erscheinungsform des Kampfes an. Die im »Verdrängungswettbewerb« implizierte »Verdrängung« kann auch gänzlich undramatische Formen annehmen, etwa die Form der vorsorglichen Verhinderung der Existenz eines möglichen Gegners. Außerdem kann Schopenhauers Bild vom Existenzkampf allenfalls auf die außermenschliche Natur zutreffen. Bereits seine Philosophie belegt durch ihre bloße Existenz, dass zumindest die Naturausstattung des Menschen nicht so knapp bemessen ist, dass sie nicht auch Raum für den evolutionären »Luxus« von Kulturleistungen jenseits von Lebensfristung, Partnerfindung und Brutpflege lässt. Schließlich ist Schopenhauer geradezu ein Paradebeispiel eines Menschen, der sein kreatives Potenzial den von ihm postulierten »Naturzwecken« vollständig entzog und es weder zur Beeindruckung möglicher Sexualpartner noch zum Unterhalt seiner (außerehelichen) Kinder und nicht einmal (da er vom Erbe seines Vaters lebte) zur Bestreitung seines eigenen Lebensunterhalts verwendete.

Eine nicht ganz so starke, aber immer noch wenig glaubwürdige zweite Variante der These des Pessimismus behauptet, dass die über die Lebenszeit berechnete Gesamtbilanz von Glück und Unglück jedes einzelnen Menschenlebens negativ ausfällt. »Gesamtbilanz« klingt nicht von ungefähr kaufmännisch, und Schopenhauer verwendet in der Tat, wenn er diese These formuliert, bevorzugt kaufmännische Begriffe, etwa: »Das Leben [ist] ein Geschäft, das nicht die Kosten deckt« (IV, 671) oder »Das Leben stellt sich dar als ein fortgesetzter Betrug, im Kleinen wie im Großen« (IV, 670f.). Nicht nur im Durchschnitt der Menschenleben überwiegt das Unglück das Glück – was zulassen würde, dass zumindest ein bestimmter Anteil der Menschen »schwarze Zahlen« schreibt –, vielmehr würde sich niemand, wenn er Gewinn und Verlust, Chancen und Risiken nüchtern aufrechnete, auf dieses Geschäft einlassen. Im hypothetischen Fall, dass er die Wahl hätte, würde der Mensch die Nichtexistenz der Existenz vorziehen. »Vielleicht wird nie ein Mensch, am Ende seines Lebens, wenn er besonnen und zugleich aufrichtig ist, wünschen, es noch mal durchzumachen, sondern, eher als das, viel lieber gänzliches Nichtseyn erwählen« (II, 405).

Das »vielleicht« deutet an, dass sich Schopenhauer dieser These aber nicht völlig sicher zu sein scheint. Insofern liegt es nahe, ihm eher die *dritte* Variante zu unterstellen, die er allerdings an keiner Stelle ausdrücklich vertritt: die These, dass die über alle Menschenleben (beziehungsweise die über alle Leben empfindungsfähiger Wesen) gemittelte Bilanz von Lust und Unlust, Glück und Unglück, Freude und Qual negativ ist. Die These einer solchen über alle einzelnen Leben gemittelten negativen Glücksbilanz ist sicher akzeptabler als die auf jedes einzelne Leben bezogene. Sie ist damit verträglich, dass – wie die Erfahrung aller Zeiten und Regionen zeigt – die Mehrzahl der Menschen die überwiegende Zeit mit ihrem Leben durchaus zufrieden ist, was nicht ausschließt, dass die Glücksbilanz einiger Menschen so abgründig schlecht ist, dass sie das Gesamtergebnis negativ ausfallen lässt.

Diese These hat unter den Philosophen insgesamt freilich nur wenig Anhänger gefunden. Ausnahmen aus neuester Zeit sind die Konzeptionen von Ng, der der Meinung ist, dass das Leben der empfindungsfähigen Tiere insgesamt mehr Angst und Schrecken mit sich bringt als freudvolle Momente (vgl. Ng 1995, 274), und Ulrich Horstmann, dessen »anthropofugale« These vor allem mit den Opfern der fortgesetzten Gräueltaten der Geschichte argumentiert und dazu ein veritables Höllengemälde der Untaten ausbreitet, die Menschen anderen Menschen angetan haben und weiterhin antun (vgl. Horstmann 1983).

Fast noch bezeichnender als diese drei Varianten ist für Schopenhauer aber eine weitere, *vierte* Variante des Pessimismus, die im Gegensatz zur zweiten und dritten gerade nicht kaufmännisch rechnet, sondern die Aufrechenbarkeit von Glück und Unglück, Lust und Leid, Nutzen und Kosten grundsätzlich bestreitet. Danach erweist sich die Schlechtigkeit der Welt nicht erst an dem Resultat, das sich ergibt, wenn man Glück und Unglück saldiert. Bereits die Existenz des Übels für sich genommen entscheidet die Sache – da das Übel »nie durch das daneben oder das nachvorhandene Gute getilgt, mithin auch nicht ausgeglichen werden kann. [...] Daß Tausende in Glück und Wonne gelebt hätten, höbe ja nie die Ängste und Todesmarter eines Einzigen auf.« (IV, 674) In dieser Perspektive ist der Pessimismus kaum widerlegbar. Diese Form seines Pessimismus verbindet Schopenhauer darüber hinaus am auffälligsten mit dem Pessimisten Adorno. Beide verweigern sich der Überlegung, dass das Leiden der Preis für das sein könnte, was das Leben an guten Dingen bereithält. (Vgl. Birnbacher 2002, 224) Danach ist jedes Leiden bereits als solches eines zu viel. Dass möglicherweise das Leiden des einen eine Bedingung für das Glück des anderen ist, ändert nichts daran, dass eine Welt zumindest denkbar wäre, in der dieses Junktim nicht besteht. So verstanden, würde der Pessimismus allerdings an Schärfe und Provokationskraft stark einbüßen. Er fiele zusammen mit einer realistischen Weltsicht, die das Übel, gerade auch das unausweichliche oder durch positive Werte kompensierte, nicht verleugnet oder verdrängt, sondern stattdessen immer wieder in den Blick rückt. Es wäre eine Sicht, die sich dem menschlichen Hang zur Harmonisierung und Verdrängung entschieden entgegenstellt und die stattdessen die Irritation darüber, dass das Schlechte in der Welt so wenig ausrottbar ist, konsequent wachhält.

Was steckt hinter Schopenhauers Pessimismus? *Psychologisch* zunächst eine außergewöhnliche Sensitivität und Verletzlichkeit. Nicht zufällig hat er rückblickend als das Schlüsselerlebnis, das ihm die Frage aufgab, warum die Welt »eine so trübsälige sei« (III, 201), die als Jugendlicher erlebte Begegnung mit den Sträflingen des Zuchthauses in Toulon bezeichnet: »In meinem 17ten Jahre, ohne alle gelehrte Schulbildung, wurde ich vom Jammer des Lebens so ergriffen, wie Buddha in seiner Jugend, als er Krankheit, Alter, Schmerz und Tod erblickt.« (Schopenhauer 1985a, IV/1, 96) Das Unrecht, das die Menschen einander antun, wie auch das Unrecht, das die Natur dem Menschen angetan hat, antut und in Zukunft antun wird, empfindet Schopenhauer, als würde es ihm selbst angetan. Entsprechend setzt er sich innerlich zur Wehr und geht zum Gegenangriff über – weniger gegen die Täter, die lediglich die Ausführenden einer ihre blinden Zwecke rücksichtslos verfolgenden Natur sind, als vielmehr gegen die Natur selbst und stellvertretend gegen die Theologen und Metaphysiker, die sie harmonisierend verklären. Indem Schopenhauer die Natur und ihre Verklärer verteufelt, macht er sich freilich in gewisser Weise selbst zum Handlanger der Dialektik der Natur. Er predigt Willensverneinung und praktiziert Spott und Hohn.

In *axiologischer* Hinsicht, also bezogen auf die zugrunde liegende Wertlehre, beruht Schopenhauers Pessimismus auf einem – nicht immer konsequent durchgehaltenen, aber klar dominierenden – Eudämonismus. Die Frage nach Wert und Unwert des Lebens entscheidet sich für ihn – darauf hat insbesondere Ernst Cassirer (1974, 442f.) hingewiesen – an der Glücksbilanz und ausschließlich daran. Schopenhauer liegt die Idee, dass der Mangel an Glück in der Welt durch andere Güter, denen man einen eigenständigen Wert zuschreiben könnte, etwa durch Wissenschaft, Philosophie, Kunst oder Moral, ausgeglichen werden könnte, ganz und gar fern.

Nur dadurch, dass er von einer eudämonistischen Wertskala ausgeht, wird Schopenhauer zum Pessimisten. Hätte Kant dasselbe getan, stünde auch er im Ruf, ein Pessimist gewesen zu sein. Auch Kant war davon überzeugt, dass der Wert, den das Leben für uns hat, »wenn dieser bloß nach dem geschätzt wird, was man *genießt*«, unter null sinkt und dass niemand »das Leben unter denselben Bedingungen, oder nach einem neuen, selbst entworfenen (doch dem Naturlaufe gemäßen) Plane, der aber auch bloß auf Genuß gestellt wäre, aufs Neue antreten« wollte. (Kant 1908/13, 434 Anm.) Im Sinn der obigen Unterteilung vertrat Kant also nicht nur die dritte, sondern sogar die zweite, schärfere Variante des Pessimismus. Nur indem Kant die Vernunft sowie die aus dieser fließende Moralität und nicht das Glück zum höchsten Gut und Wertmaßstab erklärte, besserte er die Gesamtbilanz entscheidend auf.

In den *Aphorismen zur Lebensweisheit*, seinem populärsten und in so gut wie alle Weltsprachen übersetzten Essay zur Glückslehre, hat Schopenhauer die eudämonistische Grundlage seiner Axiologie ausdrücklich bekräftigt. Wenn es um die Bewertung von Weltverhältnissen geht, ist für ihn – wie für Epikur oder Jeremy Bentham – ausschließlich das subjektive Erleben und nicht ein wie immer gearteter Wert des Gegenstands des Erlebens ausschlaggebend: »Allerdings ist für das Wohlseyn des Menschen, ja, für die ganze Weise seines Daseyns die Hauptsache offenbar Das, was in ihm selbst besteht, oder vergeht. Hier nämlich liegt unmittelbar sein inneres Behagen oder Unbehagen, als welches zunächst das Resultat seines Empfindens, Wollens und Denkens ist; während alles außerhalb Gelegene doch nur mittelbar darauf Einfluß hat.« (VIII, 346)

Diese eudämonistische Perspektive erklärt, warum Schopenhauer einen Fortschritt in der Geschichte ebenso wenig anzuerkennen bereit ist wie in der Naturgeschichte und in der zeitlichen Entwicklung des Kosmos insgesamt. Es liegt ihm ja durchaus fern, zu leugnen, dass sich im Weltlauf so etwas wie eine Höherentwicklung, eine Steigerung der Entwicklungsniveaus – der »Objektivationen des Willens« – manifestiert. Wie wir gesehen haben, ist auch für Schopenhauer eine der wichtigsten Emergenzschwellen die »Erfindung« des Bewusstseins im Zuge der Entwicklung des Gehirns der höheren Tiere. Während die nicht bewusstseinsfähigen Wesen ihre Nahrung instinktiv und sicher finden, sollen die höheren Tiere auf so spezielle Nahrung angewiesen sein, dass sie angesichts des großen »Gedränges und Gewirres« (I, 201) der bewussten Wahrnehmung bedürfen, um sich selbst erhalten und fortpflanzen zu können. Schopenhauer leugnet also keineswegs die Entwicklung von Neuem und Höherem im Zeitverlauf. Auch stellt er den mit der Entwicklung der Kultur verbundenen Fortschritt in der Kultivierung der Umgangsformen und in der Sublimierung von Triebimpulsen keineswegs in Abrede. Die Geschichte ist nicht *nur* ein Albtraum. Sie bietet auch das Schauspiel einer stetigen, wenn auch diskontinuierlichen Zivilisierung. Für Schopenhauer ist dies jedoch letztlich gleichgültig. Was für den konsequenten Eudämonisten allein entscheidet, ist die Bilanz von subjektiv empfundenem Glück und Unglück. In dieser unterscheidet sich das »civilisierte Leben« jedoch nach Schopenhauer nicht vom Leben in der Wildnis (I, 391), mögen die Anlässe und Gründe für Glück und Unglück in der Wildnis und in der Kultur noch so verschieden sein.

Aber warum, so muss an dieser Stelle gefragt werden, ist Schopenhauer so sicher, dass die Gesamtbilanz von Glück und Unglück – sehen wir einmal von der mehr oder weniger unproblematischen vierten Variante seiner pessimistischen Grundansicht ab – negativ ausfällt? Warum soll das Unglück das Glück überwiegen, wenn doch zumindest in der Gegenwart beziehungsweise seitdem man Menschen systematisch danach fragt, die Mehrzahl der Menschen mit ihrem Leben alles in allem zufrieden ist und nur relativ wenige im Rückblick auf ihr Leben sagen würden, dass sie in ihm überwiegend unglücklich waren?

Schopenhauer hält diese Einschätzung für eine Selbsttäuschung, für die er im Wesentlichen drei Arten von Gründen anführt: einerseits *anthropologische* Gründe, das heißt in der Natur des Menschen liegende Strukturen, die den Menschen in besonderer Weise für Unglück anfällig machen; zweitens Gründe, die in der allgemeinen Struktur des *Bedürfnisses* liegen und für alle bedürftigen Wesen, sofern sie leidensfähig sind, gelten (Menschen und empfindungsfähige Tiere), allerdings beim Menschen in sehr viel krasserer Weise als bei den außermenschlichen Tieren zu Leiden führen; drittens Gründe, die in der besonderen *Bedürfnisstruktur* der höheren Lebewesen einschließlich des Menschen liegen.

Die erste mit der Existenzform des Menschen zwangsläufig gegebene Quelle des Leidens besteht für Schopenhauer darin, dass der Mensch kraft seines Zeitbewusstseins und seiner Reflexionsfähigkeit nicht allein in der Gegenwart lebt, sondern ein Wissen von sich selbst als in Vergangenheit, Gegenwart und Zukunft existierend hat. Zeitbewusstsein und Reflexionsfähigkeit sind für Schopenhauer so etwas wie der eudämonistische Sündenfall des Menschen. Sobald der Mensch die kognitive Unschuld der Kindheit hinter sich gelassen hat, ist ihm das Paradies der Naivität auf immer verschlossen. Während das Tier, so Schopenhauer, ausschließlich im Augenblick lebt und deshalb keine Vorstellung von zukünftigen Gefahren und vom Tod hat, vor denen es sich ängstigen kann, kann der Mensch nicht vor dem Bewusstsein künftiger Unglücksfälle, Krankheiten und seines Todes fliehen: »Das Thier lernt den Tod erst im Tode kennen; der Mensch geht mit Bewußtseyn in jeder Stunde seinem Tode näher und dies macht selbst Dem das Leben bisweilen bedenklich, der nicht schon am ganzen Leben selbst diesen Charakter der steten Vernichtung erkannt hat.« (I, 69)

Der Mensch lebt unter der Todesdrohung wie unter einem Damoklesschwert. Sobald er überhaupt gelernt hat, zu denken, ist er dazu verurteilt, seinen Tod zu denken. Es ist Teil der menschlichen Existenz, in den Tod – wie Heidegger es formuliert – »vorzulaufen«. (Heidegger 1963, 262)

Eine weitere anthropologische und insofern unvermeidbare Quelle von Leiden ist die Triebentbundenheit des Menschen. Diese geht nicht nur mit Freiheit und Individuierung einher, sondern auch mit tiefgreifender Verunsicherung. Indem der Instinkt zurücktritt, verliert der Mensch die mit den Instinkten verbundene »Sicherheit und Untrüglichkeit der Willensäußerungen«. Die Fähigkeit zur Reflexion gebiert Schwanken und Unsicherheit. (I, 203) Nichts versteht sich beim Menschen mehr von selbst. Kein Willensziel ist vor dem Zweifel sicher, jede Entscheidung kann in Frage gestellt, jeder Schritt auf seine Legitimation hin befragt werden.

Zweitens sieht Schopenhauer Quellen von Angst, Unsicherheit, Frustration und Leiden in der Struktur der menschlichen (und teilweise auch in der tierischen) Bedürftigkeit angelegt: Der Mensch befindet sich entweder in einem Zustand akuter Bedürftigkeit oder nicht. In beiden Fällen erwarten ihn überwiegend negativ getönte Befindlichkeiten. Im ersten Fall empfindet er ungesättigtes Verlangen, Sehnsucht und Leere. Er leidet an der Unerfülltheit seiner Wünsche. Da jede Wunscherfüllung nach Schopenhauer neue Wünsche erzeugt, ist dies der Zustand, in dem wir uns die meiste Zeit über befinden. Aber der Zustand der Bedürfnislosigkeit, etwa aufgrund von Übersättigung oder aufgrund von Abstumpfung oder mangelnder Vitalität, ist dem keineswegs vorzuziehen. Es ist der Zustand von Überdruss und Langeweile. In Schopenhauers Sicht ist das Leben ein fortwährender Pendelschlag zwischen diesen beiden Polen, sodass sich das Leiden unaufhebbar perpetuiert. An dem einen Pol leidet der Mensch unter dem Spannungszustand der Unbefriedigtheit des Triebs, den er in seinen schwächeren Ausprägungen als Sehnsucht, Frustration, Unbehagen, in seinen intensiveren Formen als Verlangen, Leidenschaft und Gier erlebt. An dem anderen Pol leidet er unter der Leere der Sättigung, die er als »lebenserstarrende Langeweile« empfindet, als »mattes Seh-

nen ohne bestimmtes Objekt, ertödtenden *languor*«. (I, 218)
Bedingt durch die Struktur des Bedürfens ist der Mensch ge-
fangen in einem Circulus vitiosus von Bedürfnis, Wunsch,
Streben, Erfüllung, Gleichgültigwerden der Erfüllung und er-
neuter Bedürftigkeit. Das Leben schwingt zwischen dem
Schmerz der Unerfülltheit und der sich nach der Erfüllung
schnell einstellenden Melancholie. Jede Durchgangsstufe
dieses Kreislaufs – außer der Stufe der Erfüllung – hat nach
Schopenhauer einen ihr spezifischen Leidensgehalt:

Kreislauf des Willens	Leidensgehalt
Bedürftigkeit	Leiden am Mangel
Wunsch	Leiden an Unerfülltheit des Wunsches
Streben	Leiden am Nichterreichen des Ziels
Erfüllung	
Gleichgültigwerden der Erfüllung	Leiden an Leere und Langeweile
Bedürftigkeit	Leiden am Mangel

Die mit diffusem Unbehagen einhergehende Bedürftigkeit
kristallisiert sich zum konkreten Wunsch aus, bringt damit
aber zugleich das Leiden an dessen Unerfülltheit mit sich.
Führt der Wunsch zu einem aktiven Streben, ist das Ziel in
der Regel nicht oder nur zum Teil erreichbar, was wiederum
Frustrationen mit sich bringt. Nach der Erfüllung stellen sich
Sättigung und Leere und die damit verbundene Langeweile
ein, schließlich erneut das Unbehagen der diffusen Bedürftigkeit. So schließt sich der Kreis.
Hier liegt die Frage nahe: Wenn die Bedürfnisbefriedigung
oder Erfüllung innerhalb des Zyklus als einzige Stufe eindeutig einen positiven Glücksgehalt hat, warum ist dann dieser
Gehalt nicht imstande, den Unglücksgehalt der übrigen Stufen auszugleichen oder sogar mehr als auszugleichen? Die
Tatsache, dass die Phasen des Leidens einen längeren Zeit-
raum einnehmen als die Phase der Erfüllung, schließt ja

nicht aus, dass die Erfüllung ihrem Glücksgehalt nach so intensiv ist, dass sich das Sehnen und Hoffen im Vor- und die Sättigung und der Überdruss im Nachhinein mehr als auszahlen. Jedenfalls scheint der Kreislauf des Bedürfens für sich genommen noch nicht zu präjudizieren, dass die Gesamtbilanz negativ ausfällt.

Schopenhauer hat im Wesentlichen zwei Argumente dafür, dass der Glücksgehalt der Bedürfniserfüllung nicht imstande ist, das Leiden auszugleichen. Das erste ist die weitgehende *Unbewusstheit* der Bedürfniserfüllung. Während die Befriedigung anhält, sind wir uns ihrer in der Regel nicht bewusst. Wir sind, so könnte man sagen, so sehr bei der Sache, so konzentriert auf den Gegenstand der Befriedigung, dass wir sie nicht bewusst als beglückend erleben. Während das Glück da ist, erscheint es uns als dermaßen selbstverständlich, dass wir es gar nicht ausdrücklich wertschätzen. Wir empfinden es als zu selbstverständlich, um es genießen zu können. Dass ein Erleben beglückend war – oder besser: hätte sein können –, fällt uns erst im Nachhinein auf. »Erst nachdem wir sie [Güter und Vorteile] verloren haben, wird uns ihr Werth fühlbar.« (II, 400) So werden wir der Freuden der Jugend zumeist erst dann gewahr, wenn die Jugend vorüber ist. Während sie dauerte, waren uns die Erfüllungen, die sie gewährt, so selbstverständlich, dass sie gar nicht zum Gegenstand eines Genusses gemacht wurden. (IV, 671). Das ist einer der Gründe, warum Schopenhauer, ähnlich wie Platon und Epikur, das Glück als etwas rein Negatives auffasst, als die Abwesenheit von Unglück. (II, 399) Glück ist nicht das hedonistisch positive Gefühl, als das es von vielen fälschlicherweise gesehen wird: ein lustvolles Genießen. Vielmehr ist es nicht mehr als ein hedonistisch neutraler Zustand der Zentriertheit der Aufmerksamkeit, des Aufgehens im Gegenstand, den wir erst nachträglich, vor dem Hintergrund des Leidens, als Glück interpretieren: »Daß Tage unsers Lebens glücklich waren, merken wir erst, nachdem sie unglücklichen Platz gemacht haben.« (IV, 673)

Ein anderer Grund dafür, dass die Befriedigung unserer Bedürfnisse weniger Glückspotenziale in sich birgt, als wir ihr zuzuschreiben neigen, ist der *Gratifikationszerfall*, dem Glücksgefühle ausgesetzt sind und den wir systematisch unterschätzen, solange wir uns im Zustand der Bedürftigkeit, Sehnsucht und Glückserwartung befinden. »Gratifikationszerfall« bedeutet, dass glückhafte Erfahrungen, nachdem wir sie zum ersten Mal gemacht haben, in kurzer Zeit an Befriedigungswert einbüßen, und zwar aufgrund der *Abnutzung* durch zeitliche Dauer und aufgrund der *Anpassung des Anspruchsniveaus*. Kein Genuss ist dauerhaft. Die Befriedigung hält nur kurz an und wird dann schnell »der Anfangspunkt eines neuen Strebens« (II, 388), da immer neue und immer mehr Bedürfnisse befriedigt werden müssen, um der Abnutzung der Befriedigungen zu entgehen, was neue Leiden und vermehrte Unruhe bedeutet. Insofern meint Schopenhauer sagen zu können, dass das Dasein des Menschen »ein stetes Sterben«, so wie das Gehen nur ein stets gehemmtes Fallen sei. (II, 389) Die Gegenwart der Befriedigung wird in kürzester Frist von der Zeit vertilgt und zur bloß noch erinnerten Vergangenheit gemacht. Noch bedrohlicher für das Glück ist der Gratifikationszerfall durch Anpassung des Anspruchsniveaus: Mit jeder uns gewährten Befriedigung unserer Wünsche steigen die Erwartungen und Ansprüche und nimmt die Empfänglichkeit für sie ab, während die Empfänglichkeit für das Leiden zunimmt. Obwohl sie wissen, dass Hunger der beste Koch ist, geben sich die meisten mit dem, was dem Hungrigen Genuss verschafft, nicht zufrieden. »Das Gewohnte wird nicht mehr als Genuß empfunden.« (IV, 673) Die Steigerung der Ansprüche droht jedoch das erreichte Befriedigungsniveau stets wieder herabzudrücken, sodass es über die individuelle Lebenszeit, aber auch über historische Zeiträume gerechnet, mehr oder weniger konstant bleibt.

In den *Aphorismen zur Lebensweisheit* hat Schopenhauer diese – in Wohlfahrtskalkülen oft übersehene – *Relativität* des Glücks etwa am Beispiel des Besitzes exemplifiziert:

»Die Zufriedenheit eines Jeden, in dieser Hinsicht, beruht nicht auf einer absoluten, sondern auf einer bloß relativen Größe, nämlich auf dem Verhältniß zwischen seinen Ansprüchen und seinem Besitz: Daher dieser Letztere, für sich allein betrachtet, so bedeutungsleer ist, wie der Zähler eines Bruchs ohne den Nenner. [...] Jeder hat, auch in dieser Hinsicht, einen eigenen Horizont des für ihn möglicherweise Erreichbaren: So weit wie dieser gehen seine Ansprüche.« (VIII, 378)

Die dritte Art von Begründung, die Schopenhauer für die Ubiquität und Permanenz des Leidens gibt, hängt mit seiner Deutung der Welt als willensanalogem Prozess zusammen. Die Dynamik der Welt ist dem menschlichen Wollen nicht nur dadurch analog, dass sie ein ewiges Fließen ist, in dem sich »nirgends ein Ziel, nirgends endliche Befriedigung, nirgends ein Ruhepunkt« (II, 387) einstellt. In ihr finden wir auch das wieder, was uns zuallererst dazu bringt, über unseren eigenen Willen nachzudenken: den Konflikt zwischen unterschiedlichen Willensrichtungen und die Unmöglichkeit, die im Kampf der Motive unterlegene Willensrichtung dauerhaft zum Schweigen zu bringen. Wie in dem Menschen, der mit sich nicht im Reinen ist und mehr als ein Herz in der Brust hat, ist für Schopenhauer auch der »Wille« in der Natur überall mit sich selbst entzweit, und zwar in zweifacher Hinsicht. Einmal ist er dadurch mit sich selbst entzweit, dass die einzelnen Individuen ihre Zwecke vorwiegend nicht miteinander, sondern gegeneinander verfolgen und dabei für ihr je eigenes Überleben wortwörtlich über Leichen gehen. Die Natur ist ein Schlachtfeld, auf dem jeder Einzelwille mit jedem anderen um Lebens- und Fortpflanzungschancen im Kampf liegt. Zum anderen sieht Schopenhauer eine Art kämpferische Dialektik auch in der vertikalen Schichtung der Natur. Auf jeder Stufe der Objektivation (wir würden sagen: der Evolution) beraubt die jeweils höhere Schicht die jeweils niedere ihrer Lebensmöglichkeiten. Sie expandiert auf Kosten der überwundenen Stufe und nimmt Materie, Raum,

Zeit und Energien in Besitz, die vorher dieser zur Verfügung standen. So erweist sich die Natur als ein umfassendes Ausbeutungssystem. (I, 197) Die Natur ist eine einzige Nahrungskette, in der es letztlich nur Verlierer und keine Gewinner gibt.

Diese Sichtweise überträgt Schopenhauer auch auf den Menschen, und zwar sowohl in intersubjektiver als auch in intrasubjektiver Hinsicht. In *intersubjektiver* Hinsicht zeigt sich die Zerrissenheit des »Weltwillens« darin, dass der Mensch überwiegend egoistisch motiviert ist, ja sogar, wie man sagen könnte, negativ-altruistisch. Die fortwährende Konkurrenzsituation, in der er sich befindet, hat ihm neben Eigennutz und Rücksichtslosigkeit auch Boshaftigkeit und Grausamkeit anerzogen. Viele seiner größten Anstrengungen sind nicht von der Aussicht auf eigenen Gewinn bestimmt, sondern von dem Motiv, anderen auch ohne Aussicht auf Gewinn Schaden zuzufügen. Feindschaft und Hass sind keine Ausnahmemotive, sie sind (vielfach verdrängte oder »rationalisierte«) Grundmotivationen. Schopenhauers prägnanter Satz: »Der Egoismus ist kolossal: er überragt die Welt« (VI, 236) darf nicht darüber hinwegtäuschen, dass für Schopenhauer der Egoismus keineswegs das einzige Gegenmotiv ist, das die Moral zu überwinden hat. Vielmehr kann man das Verdienst seiner Moralpsychologie gerade darin sehen, dass sie den Blick auf den selbstlos-unegoistischen Charakter vieler Formen des Übelwollens gelenkt hat: Schadenfreude, Gehässigkeit, Boshaftigkeit, Grausamkeit, Lust am Verrat – das alles sind Dispositionen, deren biologische Funktion offensichtlich darin besteht, die Selbstbehauptung und den Willen dazu zu stärken, die aber gerade durch ihre Uneigennützigkeit ein noch unüberwindlicheres Hindernis für die Moral sind als der gewöhnliche, aber belehrbare Egoismus.

Was das Glück betrifft, so sind die Folgen nicht weniger fatal. Da gerade die Boshaftigkeit nach Schopenhauer eine der für den Menschen wichtigsten Quellen von Glücksgefühlen darstellt, geht das Glück des einen unweigerlich zu Lasten des

Glücks des anderen. Die Befriedigung und der Genuss, den uns »der Anblick oder die Schilderung fremder Leiden« verschafft (II, 400), sind durch das Unglück der anderen erkauft. In einer Welt, in der Glück überwiegend dem Muster des Triumphierens über einen besiegten Feind oder Rivalen entspricht, kann die Gesamtbilanz des Glücks zwangsläufig nur dürftig ausfallen.

In *intrasubjektiver* Hinsicht spiegeln sich die Antagonismen der Natur in der Entzweiung des Willens mit sich selbst in ein und derselben Person. Konflikte zwischen Motiven, die sich nicht gleichzeitig ausleben lassen, sind nach Schopenhauer für das Menschenleben charakteristischer als konfliktfreie Harmonie. Insbesondere sexuelle Interessen lassen sich überwiegend nicht störungsfrei in eine primär von dem Wunsch nach Selbsterhaltung bestimmte Lebensführung integrieren. Nicht zufällig sind dieserart Unvereinbarkeiten seit alters das Hauptthema der schönen Literatur. Glück wäre leichter zu erlangen, kämen die Triebe nach Selbsterhaltung und nach Sexualität nicht fortwährend miteinander in Konflikt. Schopenhauer ist sogar bereit zuzugestehen, dass der Trieb zur Selbsterhaltung für sich genommen mit einem ruhigen, leichten und heiteren Leben vereinbar wäre, nicht aber der Sexualtrieb, der »in das Bewußtseyn Unruhe und Melancholie, in den Lebenslauf Unfälle, Sorge und Noth bringt« (IV, 665). Insofern meint er, dass die Zufriedenheit im Verlaufe des Lebens unter anderem mit dem Nachlassen des sexuellen Verlangens zunimmt, sodass, wie Schopenhauer in seiner Philosophie der Lebensalter (VIII, 519 ff.) bemerkt, als die »besten Jahre« des Menschen in der Regel nicht die Jugendjahre oder das – durch vielerlei Verantwortlichkeiten belastete – Erwachsenenalter empfunden werden, sondern die Jahre, die »dem Eintritt der Schwäche und der Beschwerden des höheren Alters« unmittelbar vorangehen. Darüber hinaus sei im höheren Alter auch die Gefahr der Langeweile und des Überdrusses geringer als in der Jugend: »Kinder bedürfen beständig des Zeitvertreibs, sei er Spiel oder Arbeit; stockt er, so ergreift sie augenblicklich entsetzliche Langeweile. Auch Jünglinge sind ihr noch sehr unterworfen und sehn mit Besorgniß auf unausgefüllte Stunden. Im männlichen Alter schwindet die Langeweile mehr und mehr: Greisen wird die Zeit stets zu kurz und die Tage fliegen pfeilschnell vorüber.« (VIII, 530)

Kann man Schopenhauers pessimistischer Diagnose der aufs äußerste begrenzten Glücksmöglichkeiten des Menschen zustimmen? Ist es wirklich so, dass Dante für die Schilderung des Himmels nicht mehr viel übrig geblieben sei, nachdem er alle Leiden und Qualen der Hölle beschrieben hatte, da »unsere Welt gar keine Materialien zu so etwas darbietet« (I, 406)? Zweifellos trifft Schopenhauer mit vielen Details seiner Diagnose ins Schwarze. Die These vom Gratifikationszerfall bei den als glückhaft empfundenen Erfahrungen ist gut bestätigt, vorausgesetzt, ein gewisses Minimum an Bedürfnisbefriedigung ist sichergestellt. Das gilt sowohl für die zeitliche Abnutzung der Bedürfnisbefriedigung als auch für die Entstehung neuer Unzufriedenheit durch das »Nachwachsen« des Bedürfnisniveaus. Niemand nimmt ernsthaft an, dass sich das subjektiv empfundene Glück in den letzten fünfzig Jahren mit demselben Tempo erhöht hat wie der materielle Lebensstandard oder die durch die permissive Gesellschaft eröffneten Freiheitsspielräume in der Lebensgestaltung. Glückserlebnisse nutzen sich zumeist schneller ab als erhofft, die einmal gesicherten Bedürfnisbefriedigungen rücken in den Hintergrund und werden nicht mehr als Glück wahrgenommen, jede Steigerung des Wohlstands lässt auch das Anspruchsniveau steigen, vor allem durch den Vergleich mit anderen, denen es (tatsächlich oder vermeintlich) besser geht (»relative deprivation«). Insgesamt ergibt sich daraus ein mehr oder weniger konstantes Befriedigungsniveau oder sogar eine Verschlechterung des Glücksniveaus (»progressive deprivation«), wie sie der überwiegende Teil der Sozialpsychologen den Bevölkerungen der industrialisierten Welt für die Zeit seit dem Zweiten Weltkrieg attestiert. Das Übel der Langeweile und des Sinnverlusts, für Schopenhauer die »Geißel der vornehmen Welt« (II, 392), erfasst in den wohlhabenden Ländern zunehmend größere wirtschaftlich abgesicherte und vom Arbeitsprozess freigesetzte Bevölkerungskreise. Auch Schopenhauers Diagnose des weitgehend unbewussten Charakters von Glückserfahrungen lässt sich einiges abgewinnen. Für das Glück der Versenkung ist es in der Tat wesentlich, dass es im Gegenstand aufgeht und von ihm so gefesselt ist, dass es die zu einem bewussten Genuss notwendige Distanzierung zumindest erschwert. Allerdings ist das Glück der Versenkung nur eine von verschiedenen Formen der Glückserfahrung. Eine andere ist die vom Typ »himmelhochjauchzend«, die in der Regel mit gesteigerter und geschärfter Aufmerksamkeit einhergeht.

Fragwürdig erscheint Schopenhauers durchweg negative Bewertung des unerfüllten Wollens. Er scheint vorauszusetzen, dass nicht nur unsere Wünsche, sondern auch unsere Strebungen so weit über die real verfügbaren Befriedigungsmöglichkeiten hinausschießen, dass sie überwiegend enttäuscht werden. Die meisten Menschen leiden aber weniger an der Unerfülltheit oder Unerfüllbarkeit ihrer Wünsche als an den vergeblichen Versuchen, ihre zur Verwirklichung ausgewählten Wünsche aktiv zu realisieren. Je geringer die Chancen ihrer Erfüllung eingeschätzt werden, desto geringer ist die Gefahr, dass ihre Nichterfüllung als frustrierend erlebt wird. Entscheidend für die Zufriedenheit ist, wie weit die Einschätzung der zur Verwirklichung ausgewählten Wünsche realistisch ist.

Außerdem ist es keinem zu wünschen, dass allzu viele oder sämtliche seiner Wünsche erfüllt werden: Ein Horizont der Unerfülltheit scheint eine wesentliche Voraussetzung des Glücks zu sein. Insofern kann man auch Schopenhauers Annahme in Frage stellen, dass das kurze Glück der Erfüllung das lange Leiden an der Sehnsucht danach nicht aufwiegt. Es gibt auch »selige Sehnsucht«. Nicht jeder Zustand der Unbefriedigtheit kann als Leiden gelten, insbesondere dann nicht, wenn eine Befriedigung in Aussicht steht und Verlangen und Vorfreude selbst als lustvoll erlebt werden. Und wiewohl Leidenschaft ohne Leiden schwerlich denkbar ist, wird der, der andernfalls mit dem Unglück der Monotonie rechnen muss, diese Leiden für ein weniger »langweiliges und fades« Leben (VIII, 371) gern in Kauf nehmen.

Deshalb ist auch Schopenhauers Alternative zum Leiden mit Skepsis zu begegnen. Sie zielt im Wesentlichen auf die Schwächung, wenn nicht gar Abtötung der Leidenschaften und der mit ihnen einhergehenden Wünsche und Strebungen. Was Schopenhauer pompös »Willensverneinung« nennt, ist bei Licht besehen keineswegs eine Schwächung oder Abtötung *sämtlicher* Formen des »Willens« – also aller emotional getönten psychischen Phänomene. Sie richtet sich vielmehr auf die heftigen, mit Unruhe und Erregtheit einhergehenden Strebungen und Zustände, die Leidenschaften und Affekte. »Willensverneinung« ist bei Schopenhauer insofern das Pendant zu Epikurs Ataraxie, dem Zustand, in dem die Seele nicht mehr durch heftige Affekte und Begierden erschüttert wird, und nicht das Gegenstück zur Apathie der Stoiker, dem Zustand des völligen Verschwindens von Gefühlen und gefühlsgetönten Befindlichkeiten. Viele von Schopenhauers Beschreibungen des »willenlosen« Zustands sind deshalb cum grano salis und nicht wortwörtlich zu verstehen. Wenn er etwa den Zustand des verneinten Willens so beschreibt, dass wir »den Sabbath der Zuchthausarbeit des Wollens« feiern (I, 253), so darf das nicht so verstanden werden, als habe der Wille seine Tätigkeit gänzlich eingestellt. Weder das Wollen im alltagssprachlichen Sinn ist ausgeschaltet – wie könnte man ohne Willen weiterleben? – noch der Wille in Schopenhauers Sinn der alles durchdringenden Emotionalität – wie könnte man ohne Emotionalität »feiern«? Stillgestellt sind lediglich diejenigen Emotionen, die Hume »violent passions« genannt hat, die mit heftiger Erregtheit verbundenen Affekte. Sie werden abgelöst durch die »calm passions«, die unerregten gefühlshaften Einstellungen und Gestimmtheiten, die mit Gelassenheit und Gemütsruhe vereinbar sind. Auch der Zustand der »freiwilligen Entsagung, der Resignation, der wahren Gelassenheit und gänzlichen Willenslosigkeit« (II, 470) ist nicht ohne emotionale Komponenten. Insgesamt legen Schopenhauers Beschreibungen nahe, dass wir uns die Gelassenheit, die der Willensverneiner erstrebt, nicht als einen Zustand von Abstumpfung und Unlebendigkeit vorstellen dürfen, sondern als einen Zustand der Verinnerlichung mit einer eigenen Art von Lebendigkeit: »innige Heiterkeit« (II, 482), »Meeresstille des Gemüths«, »Friede, der höher ist als alle Vernunft« (II, 507). Schopenhauer geht sogar an einer Stelle so weit zuzugestehen, dass die »Geistesruhe« – die Gelassenheit jenseits der Erschütterung durch Emotionen – als eine Form von Glück gelten kann. Sie sei zumindest »ein großer Bestandteil des Glücks« und »eigentlich sogar die Bedingung und das Wesentliche desselben« (VIII, 535).

Wenn die Erlösung aus dem Jammertal der Bedürfnisse darin liegt, die Seele von allen heftigeren Affekten zu reinigen, dann stellt sich die Frage, welche Strategien dazu am geeignetsten sind. Welche Arten von psychischen Zuständen sind am ehesten gegen affektive Exzesse gefeit und bieten die besten Aussichten, dem Menschen unerfülltes Verlangen, enttäuschte Hoffnungen und quälende Langeweile zu ersparen? Die naheliegende Antwort lautet: Wer immer sich von der Unruhe des Trieblebens befreien will, muss sein Sinnen und Trachten auf Gegenstände ausrichten, die »enttäuschungsresistent« sind, die sich den auf sie gerichteten Wünschen nicht entziehen können und bei denen das Interesse nicht mehr auf ein Haben- und Besitzenwollen, sondern auf das bloße Anschauen zielt. Kurz, um die Gelassenheit der »Willensverneinung« zu erreichen, müssen die Triebe sublimiert und ihre Gegenstände ins Reich des Idealen gerückt werden. An die Stelle des heftigen Begehrens muss das anregende Erkennen treten. Eine solche Sublimierung muss, um

Schopenhauers Ideal der »Willensverneinung« zu genügen, drei Kriterien erfüllen: Erstens muss die Haltung, die sich ihres Gegenstandes bemächtigen will, von einer Haltung abgelöst werden, die sich ihrem Gegenstand nähert, ohne ihn sich einverleiben zu wollen. Zweitens muss diese Haltung die Dinge, statt sie einer durch Interessen und Vorurteile verzerrten Deutung zu unterwerfen, so sein lassen, wie sie sind, ohne Beschönigung und Dämonisierung. Und schließlich müssen die Zustände, in denen sich diese Haltung rein ausprägt, als so befreiend und befriedigend erfahren werden, dass sie Schopenhauers emphatischer Beschreibung mit den Ausdrücken standhalten, mit denen die Mystiker die Gottesschau beschrieben haben: Ekstase, Entrückung, Erleuchtung, Vereinigung mit Gott. (II, 506)

Für Schopenhauer gibt es drei Lebensstrategien, gewissermaßen drei Wege zum Heil, die diese Bedingungen erfüllen: die von strenger Askese begleitete (und durch sie ermöglichte) mystische Versenkung, die philosophische Kontemplation und die Begegnung mit dem Schönen und Erhabenen in Kunst und Natur. Alle drei Wege führen gleichermaßen zum Ziel, wobei Schopenhauer die Askese durchweg am höchsten preist, sie aber, da sie seinem individuellen Temperament am fernsten liegt, nur ansatzweise charakterisiert. Alle drei Strategien überwinden das, was Schopenhauer in Anlehnung an die altindischen Veden den »Schleier der Maya« nennt, das Gewebe der die Wahrheit verdeckenden affekt- und interessenbedingten Illusionen und Lebenslügen. Alle drei stellen Versuche dar, sich über die emotionalen Besetzungen der Welt hinwegzusetzen und die Dinge in ihrer wahren Beschaffenheit zu sehen. Zugleich zielen alle drei Strategien, auch wenn sie sich unterschiedlicher Zugänge und Medien bedienen, auf Universales, das Individuum in seiner Individualität Übersteigendes: die mystische auf die Einswerdung mit Gott oder mit der Natur; die philosophische auf die Erkenntnis der Wirklichkeit in abstracto; die ästhetische auf die von Schopenhauer so genannten »platonischen

Ideen«, die im Konkreten aufscheinenden allgemeinen Formen und Strukturen der Wirklichkeit.

Alle drei Formen der Erkenntnis sind keineswegs vollständig »interesselos«. In ihnen nimmt das Subjekt sogar ein ungewöhnlich lebhaftes Interesse an seinen jeweiligen Gegenständen. Aber dieses Interesse ist ein unpersönliches Interesse, bei dem die individuellen Vorlieben und Vormeinungen hinter einer allgemeinmenschlichen, im Prinzip für jeden nachvollziehbaren Perspektive zurücktreten. Die Sicht auf die Dinge ist nicht mehr durch Wünsche, Hoffnungen und Ängste verzerrt. Entlastet vom Druck seiner Triebe, setzt sich der Mensch in der mystischen Versenkung, in der Philosophie und in der Betrachtung des Schönen in ein ganz und gar objektives Verhältnis zur Welt. Er wird zum »klaren Weltauge« (I, 240), das die Dinge spiegelt, ohne sie wissenschaftlich zu erklären, affektiv zu deuten oder moralisch zu bewerten. Wie für Buddha und für Spinoza besteht die Erlösung auch für Schopenhauer wesentlich in einem kognitiven Zustand. Der Heilige, der das Wollen überwunden hat, ist »nur noch als rein erkennendes Wesen, als ungetrübter Spiegel der Welt übrig. Ihn kann nichts mehr ängstigen, nichts mehr bewegen [...]. Er blickt nun ruhig und lächelnd zurück auf die Gaukelbilder dieser Welt, die einst auch sein Gemüth zu bewegen und zu peinigen vermochten [...]. Das Leben und seine Gestalten schweben nur noch vor ihm, wie eine flüchtige Erscheinung [...].« (II, 483)

Auch wenn Schopenhauer diesen Zustand der Kontemplation und des Aufgehens im Gegenstand als eine Form von *Erkenntnis* bezeichnet, weist er doch gleichzeitig darauf hin, dass dies eine unvollständige und in gewisser Weise sogar irreführende Beschreibung ist, nämlich insofern diese die Anwesenheit von Selbstbewusstsein und Reflektiertheit nahelegt. Entscheidend ist jedoch, dass die Differenz von Subjekt und Objekt, Erkennendem und Erkenntnisgegenstand für das Subjekt aufgehoben ist: Das Individuum geht in seinem Gegenstand auf. (II, 506) Indem es sich – mit einer von Schopenhauer bevorzugten Redensart – »im Gegenstand *verliert*« (I, 232), verliert es sich selbst aus dem Blick, damit aber auch Zeit und Raum, seine persönlichen Lebensumstände und sein Leiden. Was den Einzelnen aus der Bedrängnis seines blinden Willens befreit, das »Quietiv« seiner inneren Unruhe, ist jedes Mal die vollständige Objektivität, das Bei-der-Sache-Sein, die Konzentration auf den Gegenstand.

Schopenhauer macht sich keine Illusionen darüber, dass dieses »Quietiv« in der Regel nicht von Dauer ist (»dauernde Ruhe kann auf Erden Keiner haben«; II, 484) und immer wieder erneut – als »Frucht von bitteren Kämpfen« (II, 483) – der inneren Unruhe abgerungen werden muss. Allerdings finden sich Beschreibungsweisen, die die innere Beruhigung als eine Leistung des Willens (und damit einer wörtlich verstandenen »Selbstverneinung« des Willens) darstellen, bei Schopenhauer nur vereinzelt. Häufiger sind Beschreibungen, die nahelegen, dass die Erlösung vom Diktat des Willens nur begrenzt willentlich steuerbar ist und eher als ein weltliches Analogon der theologischen »Gnadenwirkung« aufgefasst werden muss, als ein nicht erzwingbares und nur begrenzt willentlich beeinflussbares Widerfahrnis, das »plötzlich und wie von außen angeflogen« kommt (II, 499). Die Erlösung vom Leiden ist wie das Leiden selbst etwas, das erlitten und nicht geleistet wird. Das Glück, wenn es da ist, hat immer auch einen Anteil von »Glücken« im Sinne eines unverfügbaren, geschenkten Gelingens.

Angesichts seiner in tiefstem Schwarz gehaltenen Beschreibung dessen, was der Mensch vom Leben zu erwarten hat, und insbesondere angesichts der »passiven« und nicht erzwingbaren Natur der Erlösung vom Leiden drängt sich spätestens an dieser Stelle eine Frage auf, die von Schopenhauers Vorgängern Epikur, den Stoikern und Spinoza nicht ausgespart worden ist: die Frage des Suizids. Wäre nicht auch der Suizid ein Ausweg aus der Hölle des Daseins? Falls tatsächlich die Gesamtbilanz des Lebens, wie Schopenhauer wiederholt behauptet, durchweg negativ ist, bietet sich dann nicht ein »Bilanzsuizid« als Lösung geradezu an? Wäre so nicht das Ziel des Quietismus – das Stillstehen des »Rads des Ixion« (I, 253) – am sichersten erreichbar, vor allem wenn sich die nur begrenzt willentlich steuerbare »Selbstverneinung des Willens« nicht einstellt? Wenn tatsächlich das Nichtsein dem Sein vorzuziehen ist, warum dann nicht das Nichtsein wählen?

Schopenhauers Verhältnis zum Suizid ist – wie zu so vielem anderen – von einer grundlegenden Ambivalenz gekennzeichnet. Er steht ihm nicht so verbissen ablehnend gegenüber wie Wittgenstein in seiner von Schopenhauer beeinflussten Frühzeit (vgl. Micheletti 1967, Lange 1989), aber auch nicht so eindeutig bejahend wie Nietzsche. Seine Vorbehalte gegen den Suizid wurzeln dabei weder in moralischen Bedenken, wie sie sich in zugespitzter Form bei Kant finden, noch in der Überzeugung, dass der Tod ein Übel sei, das anzustreben irrational wäre.

In seiner ethischen Beurteilung des Suizids folgt er alles in allem seinem Vorbild Hume und dessen radikaler Kritik an den traditionellen Argumenten gegen die moralische Unzulässigkeit der Selbsttötung. (Vgl. Birnbacher 1985) Aus der sarkastischen Schärfe, mit der er die theologischen und insbesondere die Argumente Kants beiseitefegt, spricht ein gutes Maß an Sympathie mit dem Suizidenten, möglicherweise nicht zuletzt, weil sich sein eigener Vater aus einer Luke seines Hamburger Lagerhauses ins Fleet gestürzt hatte, zumindest ein gutes Stück Verständnis sowie eine durch Schopenhauers Kenntnis der französischen Physiologen nahegelegte Einsicht in die überwiegend pathologische Natur suizidaler Neigungen und Handlungen, die sich dadurch einer moralischen Beurteilung weitgehend entziehen. (Allerdings differenziert er auch hier: Es sei nur ein »Lieblingssatz aller gewöhnlichen Köpfe, daß wer sich das Leben nimmt verrückt seyn müsse«; III, 280.) Aus der beißenden Kritik, der er die Argumente Kants gegen die moralische Zulässigkeit des Suizids unterzieht, spricht unter anderem auch ein gewisses

Maß an Verachtung für den moralischen Konservativismus Kants, der so wenig zu seiner ansonsten von ihm selbst stolz als »kopernikanisch« bezeichneten Wende in der Philosophie passt. Indem Schopenhauer die traditionellen Argumente der Lächerlichkeit preisgibt, lässt er freilich zugleich ein Licht auf die starken gefühlsmäßigen Motive fallen, die auch heute noch verbreitet sind und einer Akzeptanz des Suizids als Weg der Selbsterlösung weiterhin im Wege stehen. Auch Schopenhauers Bewertung des Todes ist nicht geeignet, seine Vorbehalte gegen den Suizid zu stützen. Für ihn gibt es – ähnlich wie für Epikur und Lukrez – keinen Grund, den Tod zu fürchten, da »es an und für sich absurd [ist], das Nichtseyn für ein Uebel zu halten; da jedes Uebel, wie jedes Gut, das Daseyn zur Voraussetzung hat, ja sogar das Bewußtseyn; dieses aber mit dem Leben aufhört, wie eben auch im Schlaf und in der Ohnmacht« (IV, 548). Danach wäre selbst das Ende eines geliebten Lebens kein Anlass zu Furcht und Schrecken, umso weniger das Ende eines ungeliebten Lebens.

Wenn er die Selbsttötung als Ausweg ablehnt, dann deshalb, weil die Heftigkeit der zur Selbsttötung treibenden Motive und die Gewaltsamkeit der Ausführung unvereinbar sind mit dem Heilsweg der Selbstberuhigung durch Kontemplation. Der Suizident ist in Schopenhauers Augen ein Getriebener, der seinen Lebenstrieb nicht überwunden hat, sondern diesen autoaggressiv gegen das Leben selbst wendet. Bezeichnenderweise lässt Schopenhauer sein ablehnendes Urteil nicht für Formen des Suizids gelten, die nicht mehr als »Phänomene starker Bejahung des Willens«, sondern als Ausdruck von Resignation verstanden werden können, etwa für den von indischen Mönchen »aus dem höchsten Grade der Askese freiwillig gewählten Hungertod« (II, 495). Dieser sei ein vom »gewöhnlichen Selbstmorde gänzlich verschiedener« Sonderfall, der eine durch und durch positive Wertung verdiene. Ihm fehlen diejenigen Züge von lebensbejahender Aggressivität, die für Schopenhauer die Selbsttötung im Regelfall zwar nicht als kritikwürdige moralische Verfehlung, aber doch immerhin als Zurückbleiben hinter seinem moralischen Ideal erscheinen lassen und diesen Weg als Erlösungsweg ausschließen.

Schopenhauers Erlösungslehre lässt sich als eine Säkularisierung vieler herkömmlich von der Religion übernommener Funktionen verstehen: Die Aufgaben, Trost im Leiden zu spenden, von Schuld zu entlasten, Gefühle von Geborgenheit zu vermitteln und das »metaphysische Bedürfniß des Menschen« (IV, 186) nach einem Individuum und Lebensgrenzen übergreifenden Sinn zu befriedigen, werden der Religion aus der Hand genommen und in die Hände von persönlicher Spiritualität, Philosophie und Kunst gelegt. Die ursprünglich religiösen Sprechweisen von »Erlösung«, »Gnade«, »Ewigkeit«, »Seligkeit« usw. dienen nur noch als *façons de parler*. Auffällig ist allerdings, dass unter den Funktionen der Religion, die Schopenhauer säkular umdeutet, eine wichtige fehlt: die Gemeinschaftsbildung. Schopenhauers Erlösung ist – seiner Philosophie wie seiner Mentalität entsprechend – radikal individualistisch. Der schopenhauersche Heilige rettet sich selbst und nicht die Welt, er ist ein »self-saviour«, kein »world-saviour« (Cartwright 1989, 64). Auch darin ist Schopenhauers Philosophie ein Vorgänger des späteren Existenzialismus. Der Einzelne bleibt allein – in der mystischen Vision, beim Philosophieren und in der Begegnung mit dem Schönen.

Wie sein ausgeprägter Individualismus entspricht auch Schopenhauers Ästhetik einem typisch »bildungsbürgerlichen« Selbstverständnis. Kirche und Kunst wechseln die Rollen: Die Kunst (aber auch die Begegnung mit Naturschönheiten) wird zum Religionsersatz, sie bekommt eine metaphysische Weihe, sakrale Bauwerke und heilige Schriften werden zu ästhetischen Gegenständen. Kunst ist allerdings für Schopenhauer nicht nur Gegenstand ästhetischen Genusses, sondern vor allem auch Ermöglichungsbedingung eines objektiven, von allen heftigeren Triebregungen befreiten Blicks auf die

Tatsachen. Die Kunst sagt eigentlich nur eines: »So ist es.« Aber sie sagt dies in so allgemeiner, typisierender, das Zeitgebundene und Konkrete nur als Exempel aufgreifender Weise (Schopenhauer rekurriert hier – die traditionelle Terminologie erneut umfunktionierend – auf die Konstruktion der »platonischen Idee«), dass wir uns angstfrei und »interesselos« auf ihre Wahrheit einlassen können. »Interesselos« ist der ästhetische Blick auf die Dinge insofern, als alle lebensweltlich-bedürfnisgesteuerten Beziehungen zur Welt aufgehoben sind: Die auf einem Stillleben dargestellten Speisen machen uns keinen Appetit, die dargestellten nackten Körper machen uns nicht lüstern. Insofern ist die Kunstbetrachtung eine anschauliche Form derselben zeitlosen Erkenntnis, die die Philosophie in begrifflicher Form vermittelt.

Die höchsten Stufen der Erkenntnis sind für Schopenhauer da erreicht, wo die Dynamik des Willens und die Zerrissenheit der Welt am reinsten und unvermischtesten zum Ausdruck kommen: in der Tragödie und in der Musik. Die Musik als direkter mimetischer Ausdruck der inneren Unruhe des Menschen und der unter der Oberfläche des Bewusstseins verborgenen Dynamik bekommt dabei eine Sonderrolle zugewiesen. In ihr erkennen wir uns am unmittelbarsten als das wieder, was wir sind: »Das unaussprechlich Innige aller Musik, vermöge dessen sie als ein so ganz vertrautes und doch ewig fernes Paradies an uns vorüber zieht, so ganz verständlich und doch so unerklärlich ist, beruht darauf, daß sie alle Regungen unsers innersten Wesens wiedergiebt, aber ganz ohne die Wirklichkeit und fern von ihrer Quaal.« (I, 331)

Dabei übernimmt die Melodie eine besondere Rolle. Sie drückt das Streben des unbewussten »Willens« aus, der seine Befriedigung sucht, dafür aber weite Umwege macht, sich in vielerlei Konflikte und Spannungsverhältnisse begibt, dabei jedoch immer vom Wunsch nach letztlicher Beruhigung getrieben ist. Nachdem sich die Melodie in den verschiedensten harmonischen Verhältnissen aufgehalten hat, kehrt sie mit der Kadenz am Ende zum Grundton zurück, so wie das »besonnene Leben und Streben des Menschen« mit dem Tod in die Ewigkeit zurückkehrt. (I, 326) In der Melodie erkennen wir das uns Vertrauteste wieder: die zeitliche Rhythmisierung und das Auf und Ab der Stimmungen, das Nacheinander von Spannung und Entspannung, Erregung und Ruhe, Konflikt und Versöhnung. Die Sprache, der sich Schopenhauer im Zusammenhang mit der Melodie bedient, mag anthropomorphisierend klingen, hat aber einen sachlichen Grund. Es ist das Besondere der Melodie, dass ihre Bewegung als gerichtet wahrgenommen wird, sich aus sich selbst heraus entwickelt und motiviert, ähnlich wie menschliche Handlungsabsichten: »We hear musical movement as action, and not just as movement.« (Scruton 1997, 365)

Die Redeweise von »Erkenntnis« und »platonischen Ideen« sollte nicht darüber hinwegtäuschen, dass Schopenhauers Ästhetik – wie die Kants und anders als die Hegels – ausgeprägt antiintellektualistisch ist. Die platonische Idee, die das Genie erschaut, um sie im Kunstwerk zum Ausdruck zu bringen, ist kein Begriff, sondern anschaulich. Sie ist sprachfern und entzieht sich einer direkten verbalen Mitteilung. Der Künstler, dem eine Idee »vorschwebt«, arbeitet weitgehend unbewusst, ja instinktmäßig. (I, 298) Ihn treibt das Gefühl, nicht der Verstand. Und obwohl Kunstwerke stets das Allgemeine im Einzelnen zum Gegenstand haben, lassen sie sich auch ohne »Arbeit des Begriffs« verstehen, so wie die meisten Menschen in der Lage sind, ein durchaus verlässliches »Gefühl« etwa für die Qualität von Musik zu entwickeln, ohne die dabei leitenden Kriterien explizit benennen zu können.

Mitleidsethik

Schopenhauers Erlösungslehre ist radikal individualistisch. Andere Menschen, die der Erlösung nicht weniger harren als das bedrängte Individuum selbst, sind in dieser Lehre nicht vorgesehen. Wenngleich Schopenhauer in idealistischer Selbstüberschätzung gelegentlich so redet, als vermöchte der Einzelne, indem er sich durch Willensverneinung aus dem Kreislauf des Weltwillens ausklinkt, »das Wesen selbst« und damit nicht nur das eigene, sondern mit der gesamten Welt auch das Leiden aller anderen aufzuheben (II, 473), so kommt doch auch der verbohrteste Idealist nicht umhin einzuräumen, dass die Tatsache, dass sich ein Mystiker, Philosoph oder Künstler dem Leiden *an der* Welt durch »Willensverneinung« entzieht, am Leiden *in der* Welt nichts Wesentliches ändert. Insofern ist die Bedeutung, die Schopenhauer der Ethik zuspricht, ein weiterer Grund, seine Philosophie realistisch und nicht im Sinn eines transzendentalen Idealismus zu interpretieren. Eine idealistisch-solipsistische Metaphysik, nach der die Welt mitsamt der anderen leidensfähigen Wesen keine eigene Substanzialität besitzen, sondern lediglich in Form von Vorstellungen« als Phantasmagorie im Bewusstsein eines Subjekts existieren würde, hätte weder für Mitleid noch für Verantwortung Platz. Insbesondere Gebote der Vorsorge, die Schopenhauer (wie schon Kant) ernster nimmt als viele seiner Zeitgenossen, hätten ohne die Aussichten auf eine gemeinsame menschheitliche Zukunft keine Basis. Wären Raum und Zeit lediglich »Formen der Anschauung« ohne gegenständliches Korrelat, würden die gegenwärtig Lebenden mit *meinem* Tod aus der Welt verschwinden und alle in Zukunft Existierenden mit sich reißen.

Schopenhauers Mitleidsethik setzt sich ausdrücklich und sogar polemisch von Kants Ethik des kategorischen Imperativs ab, bleibt dieser aber in einigen Hinsichten wiederum überraschend treu. Der schärfste – allerdings durchaus nicht unproblematische – Gegensatz zu Kant ist Schopenhauers Verzicht auf jede Normativität. (Vgl. Hallich 2006) Generell sei es nicht Aufgabe der Ethik, bestimmte moralische Grundsätze zu fordern oder als Imperative zu postulieren. Ihre Aufgabe sei es lediglich, den »in jedem Menschen [...] wirklich vorhandenen Aufruf zum Rechtthun und Wohlthun« (VI, 225) zu beschreiben, allenfalls noch in seinen Erscheinungsformen zu systematisieren und psychologisch zu erklären. Außerdem seien sich »über die Prinzipien der Moral [...] alle Ethiker eigentlich einig« (VI, 176), sodass es für die Ethik nicht mehr viel zu tun gebe. Diese beiden Grundprinzipien sind das von Schopenhauer so genannte Prinzip der Gerechtigkeit (*neminem laede*, »tue niemandem Unrecht«) und das Prinzip der Menschenliebe (*omnes quantum potes juva*, »hilf allen, soweit du kannst«).

Insofern ist die Aufgabenstellung, die Schopenhauer der Ethik gibt, der Aufgabenstellung analog, die er seiner Metaphysik zuweist. Wie es nicht die Aufgabe der Metaphysik sein soll, die Welt aus ihren Ursprüngen und Bedingungen zu *erklären*, sondern sie so, wie sie uns erscheint, zu *verstehen*, soll auch die Aufgabe der Ethik als *immanent* und nicht *transzendent* verstanden werden. Schopenhauer belässt der Ethik damit im Wesentlichen nicht mehr als zwei Aufgaben: einerseits die Aufgabe, die Motive und Charaktereigenschaften, aus denen der Verzicht auf Unrechttun und die Bereitschaft zur Hilfeleistung fließen, zu *identifizieren*, andererseits die Aufgabe, zu *erklären*, wie es möglich ist, dass die überwiegend unter der Herrschaft von Egoismus und Boshaftigkeit stehenden Menschen sich zumindest gelegentlich von jenen positiven Motiven bestimmen lassen.

Während er in der Frage der Bewertung von *Handlungen* ein ebenso lupenreiner Gesinnungsethiker ist wie Kant, unterscheidet er sich von diesem diametral in der Bewertung der

Handlungsmotive. Gesinnungsethiker ist Schopenhauer insofern, als für ihn wie für Kant der moralische Wert einer Handlung ausschließlich von deren Motiven abhängt (und nicht etwa von deren voraussichtlichen Folgen). Aber während Kant der Auffassung war, dass als moralisch wertvoll ausschließlich das Motiv der Pflichttreue gelten kann – das Motiv, eine Handlung aus keinem anderen Grund auszuführen als dem, dass sie moralisch geboten ist –, ist für Schopenhauer das ausschlaggebende Kriterium moralischen Werts das Mitleid.

Unter »Mitleid« versteht er allerdings nicht primär einen Gefühlszustand, sondern ein handlungsleitendes Motiv. »Mitleid« ist für Schopenhauer primär eine Willensrichtung und nicht ein (möglicherweise tatenloser) Zustand der Betroffenheit. Außerdem verwendet er den Ausdruck »Mitleid« – sowie den Begriff »Herzensgüte« – in einem noch in anderer Hinsicht erweiterten Sinn. Anders als »Mitleid« im Alltagssinn ist das Mitleid, auf das sich seine Mitleidsethik bezieht, nicht notwendig an die anschauliche Gegebenheit fremden Leidens gebunden. Mitleid richtet sich bei Schopenhauer nicht nur auf Zustände, mit denen ein Akteur akut und anschaulich konfrontiert ist, sondern auch auf Zustände, von denen er weiß, ohne dass sie ihm »vor Augen liegen«, etwa auf räumlich und zeitlich Entferntes. Mitleid richtet sich vor allem auch auf die noch nicht eingetretenen, aber erwarteten Schadensfolgen gegenwärtigen Handelns und Unterlassens. Obwohl Schopenhauer von Mitleid zumeist im Zusammenhang mit Situationen spricht, in denen fremdes Leiden anschaulich gegeben ist, ist doch unübersehbar, dass es ihm gerade auch um die Entgrenzung des Altruismus, um das »gränzenlose« Mitleid (VI, 275) geht, das fremdes Leiden nicht nur mindert, nachdem es eingetreten ist, sondern auch vorgreifend verhindert. Mitleid zeigt sich gerade auch in Bezug auf »später eintretendes«, und »indirektes, durch Zwischenglieder vermitteltes« fremdes Leiden. (VI, 253)

Was die *Erklärung* der moralischen Motivation angeht, verstrickt sich Schopenhauer allerdings in schwer auflösbare Aporien. Auf der einen Seite vertritt er recht undifferenziert einen durchgängigen psychologischen Egoismus (»Der Egoismus ist kolossal: er überragt die Welt«, VI, 236), nach dem die Motive menschlichen Handelns durchweg auf den Eigennutz zielen. Auf der anderen Seite liegt, wie wir bereits gesehen haben, die besondere Stärke seiner Moralpsychologie unter anderem gerade darin, dass sie nichtegoistische negative Motive angemessen berücksichtigt, also etwa Schadenfreude und Grausamkeit, die auch dann handlungsleitend werden können, wenn kein eigener Nutzen zu erwarten ist oder das Handeln spontan und ohne Zweckrichtung erfolgt, etwa in der Gestalt von Mutwilligkeit, Zerstörungslust oder Sadismus. Auf der positiven Seite entsprechen diesen Motiven Motive des spontanen Mitleids und der spontanen Hilfsbereitschaft und Gutherzigkeit, und Schopenhauer kommt nicht umhin anzuerkennen, dass auch diese etwas Natürliches und quasi Instinktives sind, dem sich nur wenige entziehen können, vorausgesetzt, das fremde Leiden, auf das sie sich richten, ist anschaulich gegeben. Aber statt diese Tatsache als empirisch vielfach belegte und allseits vertraute Grundlage seiner Moralpsychologie zu nehmen, mystifiziert Schopenhauer den Vorgang der spontanen Identifikation mit dem leidenden Anderen zum »großen Mysterium der Ethik« (VI, 248) – nur um dieses »Mysterium« später unter Rückgriff auf seine Metaphysik des Weltwillens wie einen gordischen Knoten auflösen zu können. »Mysteriös« ist das spontane Mitleid aber von vornherein nur unter der Voraussetzung eines dogmatischen psychologischen Egoismus.

Das Festhalten am psychologischen Egoismus und das wiederholte Durchbrechen desselben sind allerdings nur Nebenschauplätze der eigentlichen Aporie von Schopenhauers Ethik. Diese betrifft das ungeklärte Verhältnis zwischen der quasi instinktiven und spontanen Motivation zur Nichtschädigung beziehungsweise zur Hilfeleistung angesichts *an-*

schaulich gegebenen oder unmittelbar bevorstehenden Leidens und der *nicht* instinktiven und *nicht* spontanen und insofern sehr viel weniger verlässlichen Motivation zur Nichtschädigung beziehungsweise zur Hilfeleistung angesichts *nicht anschaulich* gegebenen und nur gewussten oder für die fernere Zukunft erwarteten Leidens. Wie kommt es zur Erweiterung des spontanen zum »generalisierten Mitleid« (Tugendhat 1993, 185f.) und damit zu einer kalkulierenden, Nutzen und Schaden auf lange Sicht gegeneinander abwägenden Strategie nach Art eines »negativen Utilitarismus« (Smart 1958)? Wie ist ein Mitleid möglich, das nicht nur konkret gegebenes, sondern auch nur vorgestelltes oder nur vorstellbares Leiden umfasst? Offensichtlich reicht das spontane Mitgefühl dafür nicht aus. Erforderlich ist ein Verstandesakt der Universalisierung, der ein *Gefühl* singulärer Anteilnahme in eine universale *Einstellung* transformiert und erweitert. Wenn es ein »Mysterium« oder besser: eine Herausforderung der Ethik gibt, dann liegt sie hier, in der Transformation des Singulären ins Universale.

Schopenhauer neigt gelegentlich dazu, diese Herausforderung herunterzuspielen. Er ist sich sicher, dass »die Güte des Charakters [...], durch Vermehrung der Einsicht, durch Belehrung über die Verhältnisse des Lebens, also durch Aufhellung des Kopfes, zu einer folgerechtern und vollkommenern Aeußerung ihres Wesens gebracht werden [kann], z. B. mittelst Nachweisung der entfernteren Folgen, welche unser Thun für Andere hat, wie etwan der Leiden, welche ihnen, mittelbar und erst im Laufe der Zeit, aus dieser oder jener Handlung, die wir für so schlimm nicht hielten, erwachsen; desgleichen durch Belehrung über die nachtheiligen Folgen mancher gutherzigen Handlung, z. B. der Verschonung eines Verbrechers.« (VI, 296)

Aber damit umschreibt er nur das Problem, wie sich die Motivationskraft von der singulären auf die verallgemeinerte Orientierung überträgt. Die Verallgemeinerung einer spontanen Regung zu einer universalen Norm der Leidensminimie-

120

rung überträgt ja nicht quasi automatisch die Motivationskraft der einen auf die andere. Sie überträgt allenfalls eine *gewisse* Motivationskraft – die aber nicht ausreichen muss, um unter der Konkurrenz widerstreitender Motivationen verhaltensbestimmend zu werden.

Schopenhauer spricht auch in seiner Moralphilosophie mit gespaltener Zunge. Der Willensmetaphysiker in ihm erklärt den Menschen zu einem so krassen Egoisten, dass das faktische Vorkommen spontanen Mitleids und kalkulierender Fürsorge allein durch die Konstruktion einer metaphysischen Alleinheit der Menschen beziehungsweise aller fühlenden Wesen erklärt werden kann. Danach ist jede selbstlose Motivation ein »Wunder«, das analog zu den Wundern der Religionen das allseits Vertraute mit einem Schimmer des Übernatürlichen belegt, wobei die Hinwendung zum fremden Leiden allein durch ein »mysteriöses« Bewusstsein der Teilhabe an einem alle Lebewesen durchwaltenden Weltwillen verständlich werden soll. Der Realist in ihm sieht die Dinge so nüchtern, wie sie auch ein moderner Evolutionsbiologe sehen würde: Spontanes, an die Nahgruppe gebundenes Mitleid ist in der Regel von unmittelbarem Überlebenswert für die genetisch Verwandten und hat sich genau deshalb in der Evolution durchgesetzt. Sowohl für die Aufzucht des Nachwuchses als auch für die erfolgreiche Kooperation mit anderen zur Nahrungsgewinnung sind elementare Motive der wechselseitigen Schonung, des Schutzes und der Hilfeleistung unabdingbar. Schäden und Gefahrenlagen – einschließlich der Gefahren durch Verletzungen und Krankheiten – müssen möglichst schnell und zuverlässig erkannt und behoben werden. Das Motivationsproblem in der Ethik besteht dagegen darin, dass eine universalistische Ethik wie die des kategorischen Imperativs auf keine vergleichbar verlässliche anthropologische Basis zurückgreifen kann:

»Die Natur [konnte] nichts Wirksameres leisten [...], als daß sie in das menschliche Herz jene wundersame Anlage pflanzte, vermöge welcher das Leiden des Einen vom Andern mitempfunden wird, und aus der die Stimme hervorgeht, welche, je nachdem der Anlaß ist, Diesem ›Schone!‹ Jenem ›Hilf!‹ stark und vernehmlich zuruft. Gewiß war von dem hieraus entspringenden gegenseitigen Beistande für die Wohlfahrt Aller mehr zu hoffen, als von einem allgemeinen und abstrakten, aus gewissen Vernunftbetrachtungen und Begriffskombinationen sich ergebenden, strengen Pflichtgebot, von welchem um so weniger Erfolg zu erwarten stände, als dem rohen Menschen allgemeine Sätze und abstrakte Wahrheiten ganz unverständlich sind, indem für ihn nur das Konkrete etwas ist.« (VI, 285)

Aber sofern Schopenhauer keine Moral des unmittelbaren, durch anschauliche Gegebenheit fremden Leidens motivierten Mitleids, sondern eine Moral des generalisierten Mitleids vertritt, steht sie vor einem ähnlichen Problem wie die kantische: Wie soll die abstrakte Verallgemeinerung einer Gefühlslage wie der des spontanen Mitleids für die Vielzahl von Handlungen und Unterlassungen motivierend werden können, die Unrecht und Leiden nur höchst indirekt vermeiden oder verhindern? Faktisch verlässt sich die Moral nicht auf das motivational allzu unzuverlässige universalisierte Mitleid, vielmehr basiert sie auf einem komplexen Geflecht von jeweils in ihrer Reichweite beschränkten und kontextabhängigen Verhaltensregulativen, die in ihrer Gesamtheit und durch ihr komplexes Zusammenwirken indirekt und unvollkommen – und weitgehend ohne dass die Individuen dieses System durchschauen – dasselbe Ziel verfolgen, das ein generalisiertes Mitleid verfolgen würde: die Minimierung von Unrecht und Leiden im globalen und zeitlich universalen Maßstab. Da, wie insbesondere Hume gesehen hat, universale Solidarität ein viel zu schwaches Motiv ist, um Menschen verlässlich zum Handeln zu bewegen oder von habitualisierten Verhaltensroutinen abzubringen, bedient sich die Moral weitgehend bei anderen und stärker auf den Nahbereich gerichteten Motiven, um ihre Ziele durchzusetzen, etwa dem Streben nach Rechtstreue und Reputation und der Loyalität gegenüber Gruppentraditionen. Um moralische Ziele zu verwirklichen, nutzt die Moral zahlreiche nicht ursprünglich und eigentlich moralische Motive, vor allem egoistische wie den Wunsch nach Zugehörigkeit und Anerkennung. Das anzuerkennen würde allerdings den Rahmen des gesinnungsethischen Ansatzes, den Schopenhauer von Kant übernimmt, überschreiten. Soweit eine Gesinnungsethik darauf besteht, dass als moralisch nur Handlungen gelten können, die von moralischen Motiven – im Falle Schopenhauers dem Mitleid – bestimmt sind, wird sie kaum befriedigend und ohne gewagte Konstruktionen wie die einer geheimnisvollen Identität aller leidensfähigen Wesen erklären können, wie eine altruistische »Fernethik« möglich ist, wie sie sich exemplarisch bereits in Kants Theorie vom ewigen Frieden angekündigt hat und heute im Völkerrecht, in der Entwicklungspolitik und den Institutionen zur Zukunftsvorsorge ansatzweise verwirklicht ist.

Schopenhauers Ethik will keine normativen Aussagen aufstellen und keine Forderungen erheben, sondern sich im Geiste Humes und anderer empiristischer Moralphilosophen des 18. Jahrhunderts auf die Beschreibung der faktisch geltenden Moral und die moralpsychologische Erklärung moralischen Handelns beschränken. Mit seiner Mitleidsethik will Schopenhauer keinen neuen moralischen Imperativ aufstellen – etwa den, Mitleid zu entwickeln oder zu stärken –, vielmehr setzt er die Emotion des Mitleids als psychologisches Datum, von dem aus sich das tatsächliche moralische Verhalten der Menschen erklären lassen soll. Paradoxerweise hat Schopenhauers Ethik auf nachfolgende Ethiken aber vor allem durch einige aus der Ethik des generalisierten Mitleids abgeleitete normative Forderungen gewirkt. Zu diesen Forderungen gelangt Schopenhauer durch ein Verfahren der Konsistenzprüfung. Nachdem er festgestellt hat, dass sich die von allen anerkannten moralischen Grundsätze letztlich auf zwei zurückführen lassen, nämlich auf Gerechtigkeit (*neminem laede*) und Menschenliebe (*omnes juva*), weist er – indem er wiederum die für den Philosophen charakteristische Perspektive der fiktiven Fremdheit einnimmt – auf die offensichtlichen Diskrepanzen hin, die zwischen den in abstracto gutgeheißenen Prinzipien und den realiter eingespielten sozialmoralischen Regeln und Verfahrensweisen bestehen. Moralkritik ist für Schopenhauer ein zentraler Bestandteil der Ethik, selbst einer erklärt deskriptiven Ethik. Auch eine deskriptive Ethik lässt nicht alles so, wie es ist. Allerdings ist ihre Kritik an den herrschenden moralischen Institutionen eine rein immanente Kritik. Sie beruft sich nicht auf eigens postulierte, sondern auf die faktisch von allen anerkannten Grundsätze.

Viele der normativen Konsequenzen, die Schopenhauer für die Sozialmoral zieht, haben sich heute, nicht zuletzt dank der Popularität seiner Philosophie in der zweiten Hälfte des 19. Jahrhunderts, für die westeuropäischen Gesellschaften überlebt, etwa seine extensive Kritik am »seltsamen, barbarischen und lächerlichen Kodex der Ehre« mit der zu seiner Zeit immer noch verbreiteten Praxis des Duells (VIII, 410 ff.) oder die Kritik an dem (von den monotheistischen Religionen heute noch aufrechterhaltenen) moralischen und (in vielen Ländern erst im 20. Jahrhundert aufgehobenen) strafrechtlichen Verbot des Suizids (IX, 332 ff.). Einige weisen aber auch weit über die Vorurteile seiner Zeit voraus und sind heute noch von beträchtlicher Aktualität. So sieht Schopenhauer etwa keinen Grund, warum sogenannte sexuelle Perversionen als moralisch unzulässig gelten sollten, sofern nicht Jüngere und Unerfahrene dadurch »physisch und moralisch [...] verdorben« werden. Mag auch die Sodomie »empörend und der menschlichen Natur entgegen« sein, falle sie doch nicht in den Bereich der Moral. (VI, 168)

Die von Kant in den Mittelpunkt der Moral gerückten »Pflichten gegen sich selbst«, etwa in Bezug auf den eigenen Körper, hält Schopenhauer generell für ethisch nicht begründbar, nicht nur für den Extremfall des Suizids. Sein Argument gegen die Annahme solcher Pflichten ist, dass diese Pflichten bereits vom Begriff her unmöglich seien, da sie vernünftigerweise weder nach dem Prinzip der Vermeidung von Unrechttun noch nach dem Prinzip der Hilfeleistung begründet werden können. (VI, 166 f.) Unrecht könne man sich selbst nicht antun, da Unrecht nach dem Grundsatz *volenti non fit injuria* Unfreiwilligkeit voraussetzt. Bei Unfreiwilligkeit fiele die Aufforderung jedoch in den Bereich der Medizin und nicht in den der Ethik. Auch das Prinzip der Hilfeleistung könne Pflichten gegen sich selbst nicht begründen. Zur Selbstliebe können wir allenfalls berechtigt, aber nicht verpflichtet sein. Moralische Pflichten sind dazu da, die Selbstliebe zugunsten anderer einzuschränken, nicht zu befördern. Außerdem sind wir nach Schopenhauer von Natur aus bereits so durchgehend egoistisch motiviert, dass eine Forderung, uns noch mehr zu lieben, als wir uns ohnehin lieben, ins Leere liefe. Anders als Kant erkennt er deshalb auch kein moralisches Verbot der Selbstinstrumentalisierung an. Wie er die in einer ausschließlich präventiven Strafbegründung liegende Instrumentalisierung des Straftäters zugunsten der gesellschaftlichen Sicherheit ausdrücklich anerkennt, darin aber keinen triftigen moralischen Gegengrund gegen die Institution des Strafrechts sieht (II, 434 f.), verweigert er auch den zu seiner Zeit herrschenden Normen der Sexualmoral die Anerkennung, soweit sich diese lediglich dadurch begründen lassen, dass ihre Verletzung als anstößig empfunden wird.

Die wichtigste und nachhaltigste Konsequenz, die Schopenhauer aus seiner Mitleidsethik für die Sozialmoral zieht, ist seine differenzierte Einbeziehung der Tiere in die Ethik und die aus seinen Grundprinzipien abgeleitete Forderung nach angemessenem Schutz der leidensfähigen und insbesondere der in Gemeinschaft mit dem Menschen lebenden Tiere vor Quälerei, Ausbeutung und Überforderung. Wenngleich im Einzelnen schwer einzuschätzen ist, welche Entwicklungen der schopenhauerschen Theorie und welche dem allgemeinen Wandel der Mentalität geschuldet sind, ist doch die historische Bedeutung von Schopenhauers Tierethik nicht zu unterschätzen. Schopenhauer hat die Idee des Tierschutzes zwar nicht erfunden. Das erste Tierschutzgesetz, der sogenannte *Martin's Act*, war bereits 1822 in England erlassen worden, Tierschutzvereine bestanden bereits in mehreren deutschen Städten (Schopenhauer gehörte 1841 zu den Mitbegründern des Frankfurter Vereins). Aber Schopenhauer hat diese Initiativen, indem er sie mit einer tragfähigen ethischen Grundlage ausstattete, entscheidend gefördert. Darüber hinaus hat er maßgeblich auf spätere philosophische Protagonisten des Tierschutzes wie Henry S. Salt in England (vgl. Salt 1907, 11) und Albert Schweitzer in Deutschland (vgl. Schweitzer 1960, 257; Schweitzer 2001, 217) gewirkt.

Die Grundlage von Schopenhauers Tierethik ist dieselbe, die sich auch bereits bei Bentham und vorher ansatzweise bei Hume und Rousseau findet, nämlich dass das »Wesentliche und Hauptsächliche im Thiere und im Menschen das Selbe ist« (VI, 280). Diese entscheidende Gemeinsamkeit ist die Leidensfähigkeit. Tiere und Menschen stimmen darin überein, dass sie Schmerzen empfinden und unter der Frustration natürlicher Bedürfnisse leiden. Bereits die Gemeinsamkeiten im äußeren Ausdrucksverhalten machen es für Schopenhauer evident, dass zwischen Mensch und höheren Tieren eine enge Verwandtschaft besteht. Auch die tierische Anatomie lasse keine scharfe Grenze, sondern lediglich fließende Übergänge zwischen Mensch und Tier erkennen. (VI, 280) Diese äußeren Ähnlichkeiten lassen es jedoch unzweifelhaft erscheinen, dass sich die Formen des inneren Erlebens von Mensch und Tier ebenfalls nicht abgrundtief unterscheiden. Aufgrund ihres intelligenten Verhaltens glaubt Schopenhauer einigen hochentwickelten Tieren, insbesondere Elefanten, sogar eine rudimentäre Denk- und Vernunftfähigkeit zuschreiben zu können. (III, 76)

Auch hier bezieht Schopenhauer eine scharfe Gegenposition zu Kant. Kant meinte, dass der Mensch über einen nicht vollständig naturalistisch zu erklärenden Wesenskern (das »intelligible«, das heißt nicht empirisch aufweisbare Ich) verfügt, der ihm den Status einer Person verleiht und es anderen verbietet, ihn bloß als Mittel zu behandeln. Dieser Wesenskern manifestiere sich in der Vernunft, insbesondere in der praktischen Vernunft, der Fähigkeit, sich selbst Verhaltensnormen zu geben und sein Handeln an diesen Normen auszurichten. Für Schopenhauer stellt diese Metaphysik die wahren Verhältnisse geradewegs auf den Kopf. Sofern der Mensch über einen Wesenskern verfügt, ist dieser kein Alleinbesitz des Menschen, sondern ein Besitz aller Lebewesen; die Fähigkeit der Vernunft ist zwar für den Menschen charakteristisch, lässt sich aber durch natürliche Faktoren erklären, nämlich als Kompensation für den Instinktverlust und als Ermöglichungsbedingung einer flexiblen Anpassung an wechselnde Umweltgegebenheiten. Außerdem könne die von Kant allein dem Menschen zugeschriebene Würde für die Frage, was Menschen und was Tieren zusteht, kein akzeptables Kriterium sein. »Würde« legt nahe, dass die Rücksicht gegenüber einem Wesen davon abhängt, welcher ontologische Rang ihm zukommt und was es in dieser Hinsicht *wert* sei. Die moralische Einstellung richte sich aber nicht danach, welchen Platz ein Wesen aufgrund seiner spezifischen Fähigkeiten oder Potenziale in der Rangfolge der Lebewesen einnimmt, sondern ausschließlich danach, wie sehr es leidet: »Man fasse allein seine Leiden, seine Noth, seine Angst, seine Schmerzen ins Auge [...]. Um keinen Haß, keine Verachtung gegen ihn aufkommen zu lassen ist wahrlich nicht die Aufsuchung seiner angeblichen ›Würde‹, sondern, umgekehrt, der Standpunkt des Mitleids der allein geeignete.« (VI, 215 f.)

Eine wichtige Quelle von Schopenhauers Ausweitung seiner Mitleidsethik auf die Tiere ist zweifellos seine Bekanntschaft mit Teilen der asiatischen Philosophietradition. Schopenhauer war einer der ersten westlichen Philosophen, die sich mit dem asiatischen Denken, vor allem mit den aus Indien stammenden Richtungen des Buddhismus und Hinduismus, vertraut gemacht haben. Auch deshalb stand ihm die nur sporadische Berücksichtigung der Tiere in der Philosophie und Theologie des Westens mit besonderer Deutlichkeit vor Augen.

Von daher ergab sich für ihn auch eine naheliegende Erklärung des »Vollzugsdefizits« der westlichen Ethik: Die Quelle des Übels sei der Herrschaftsauftrag der biblischen Schöpfungsgeschichte, der zunächst im Judaismus, dann im Christentum zum Dogma wurde und von da aus das gesamte westliche Denken infizierte. Nichts anderes als der Mythos, nach dem Gott »sämmtliche Thiere, ganz wie Sachen und ohne alle Empfehlung zu guter Behandlung, wie sie doch meist selbst ein Hundeverkäufer, wenn er sich von seinem Zöglinge trennt, hinzufügt, dem Menschen übergiebt, damit er über sie herrsche, also mit ihnen thue was ihm beliebt« (X, 409), habe den »Wahn« in die Welt gebracht, dass »unser Handeln gegen [die Tiere] ohne moralische Bedeutung sei, oder, wie es in der Sprache jener Moral heißt, daß es gegen Thiere keine Pflichten gebe« (VI, 278). Verstärkt worden sei dieses Fehlurteil zusätzlich durch die Sprache, die etwa im Englischen Tiere wie leblose Dinge mit dem sächlichen Pronomen bezeichnet.

An dieser Stelle stellt sich freilich die Frage nach dem genauen Ausmaß der menschlichen Pflichten gegenüber Tieren. *Welche* Tiere sind leidensfähig und *in welchem Maße?* Wo genau Schopenhauer die Grenze zwischen leidensunfähigen »niederen« und leidensfähigen »höheren« Tieren gezogen sehen wollte, lässt sich nicht eindeutig sagen. Offensichtlich ging er von einem kontinuierlichen Übergang aus. Jedenfalls war er der Auffassung, dass sich die niederen Tiere von den Pflanzen nur durch die Zugabe »einer dumpfen Vorstellung« unterscheiden. (III, 239) Die »untersten Thiere« besäßen »bloß eine Dämmerung« von Bewusstsein. (III, 165) Die Frage nach dem *Ausmaß* der höheren Tieren zuzuschreibenden Leidensfähigkeit beantwortet Schopenhauer ähnlich wie wohl die meisten unbefangenen Beobachter, nämlich so, dass Tiere im Vergleich zum Menschen insgesamt weniger leidensfähig sind und etwa Zug- und Lasttiere unter der ihnen aufgebürdeten Arbeit weniger leiden, als es Menschen tun würden. Deshalb sei es – nach dem Grundsatz der globalen Leidensminimierung – gerechtfertigt, den Tieren diese Arbeiten zuzumuten: »Der Schmerz welchen das Thier erleidet durch die von ihm erzwungne Arbeit [...] ist noch nicht so groß als der Schmerz, welchen der Mensch erleiden würde durch die bloße Entbehrung der Arbeit.« (Schopenhauer 1985b, 216) Während Schopenhauer auf der Ebene der Theorie implizit von einem Prinzip der Rechtsgleichheit zwischen Mensch und Tier ausgeht, stellt er auf der Ebene der Praxis die Ungleichheit zwischen Mensch und Tier also ein Stück weit wieder her. Entscheidend dafür ist die Annahme, dass »in der Natur die Fähigkeit zum Leiden gleichen Schritt hält mit der Intelligenz« (VI, 284). Während Tiere nach Schopenhauer ebenso wie der Mensch über Verstand verfügen, also über die Fähigkeit zur Wahrnehmung und Deutung von Sinneserfahrungen, verfügen sie anders als der Mensch – mit der möglichen Ausnahme des Elefanten – über keine Vernunft, verstanden als die Fähigkeit zur Begriffsbildung und Verallgemeinerung sowie zur Antizipation zukünftiger Ereignisse aufgrund vergangener Erfahrung. Schopenhauer übernimmt dabei zwei Auffassungen, die auch heute weit verbreitet sind: Die erste lautet, dass Tiere ohne Erinnerung und Voraussicht in einer ausdehnungslosen Gegenwart leben. (III, 74) Sie befinden sich insofern von Natur aus in dem Zustand, den Mystiker und Heilige erst noch anstreben: Sie sind, wie Schopenhauer bemerkt, »wirklich weise« (IX, 322). Und zweitens vertritt er die Position, dass sich die Intensität des Leidens wesentlich nach der Fähigkeit zu Erinnerung und Voraussicht bemisst. Beide Annahmen sind aus heutiger Sicht nur mit Einschränkungen aufrechtzuerhalten. Nicht nur bei Primaten und Meeressäugern, auch bei vielen anderen Spezies (und nicht nur bei Säugetieren) sind Verhaltensweisen beobachtet worden, die auf eine beträchtlich weiterentwickelte Fähigkeit zur Erinnerung und Antizipation schließen lassen, als Schopenhauer annimmt. Und aus der

Tatsache der begrenzten Intelligenz von Tieren folgt nicht zwingend, dass sie unter Schmerzen, Ängsten und Frustrationen weniger leiden. Wie unter anderem Berichte aus der tierärztlichen Praxis nahelegen, spricht viel dafür, dass die mangelnde Fähigkeit, das Zugemutete zu verstehen, es als harmloses oder notwendiges Übel zu erkennen, das vielleicht sogar auf die Beseitigung des eigentlichen Leidens zielt, die Leidensintensität erhöht. Tiere scheinen Schmerzen in ähnlich hilfloser Weise ausgeliefert wie Kleinkinder. Sie reagieren, unabhängig davon, ob man ihnen einen Begriff von Leben und Tod zusprechen kann, mit Todesangst und Verzweiflung. Nicht zufällig muss bei Tieren (wie bei Kindern) oft auch in solchen Fällen eine Narkose angewendet werden, in denen sie bei einem erwachsenen Menschen überflüssig wäre.

Auf dem Hintergrund dieser – im Einzelnen nicht immer unproblematischen – Prämissen lehnt Schopenhauer die meisten Formen der Nutzung von Tieren zu menschlichen Zwecken nicht ab, zumindest solange die den Tieren verursachten Leiden durch die den Menschen ersparten Leiden mehr als aufgewogen werden. Bei Misshandlungen von Tieren, wie sie zu seiner Zeit gang und gäbe sind, sieht er die Grenze des moralisch Erträglichen allerdings eindeutig überschritten. Besonders am Herzen liegen ihm dabei die geplagten Zugpferde: »Die größte Wohlthat der Eisenbahnen ist, daß sie Millionen Zug-Pferden ihr jammervolles Daseyn ersparen.« (X, 414) Noch schärfer greift er die Wissenschaftler an, die sich zu schmerzhaften Tierversuchen berechtigt halten, auch wenn diese offensichtlich nutzlos sind oder für Menschen und Tiere nur einen geringfügigen Nutzen versprechen. Insbesondere geißelt er die zunehmende Bedenkenlosigkeit, mit der an den deutschen Universitäten Tierversuche ohne Betäubung durchgeführt werden. (X, 412)

Doch wiewohl er zusätzlich zu einer moralischen Verurteilung besonders brutaler Vivisektionisten strafrechtliche Sanktionen fordert, liegt Schopenhauer, da er von der prinzipiellen Nützlichkeit von Tierversuchen überzeugt ist, ein vollständiges moralisches Verdikt über Tierversuche fern, selbst solche, die ohne Narkose durchgeführt werden müssen, da sie neurologische Fragen beantworten sollen und die Narkose »das hier zu Beobachtende« geradewegs aufheben würde. (IX, 415) Im Übrigen setzt er darauf, dass »die Thiere jetzt wohl meistens *chloroformirt* werden, wodurch diesen, während der Operation die Quaal erspart wird und nach derselben ein schneller Tod sie erlösen kann« (X, 415).

Konsequent ist Schopenhauer, wenn er vor dem Hintergrund seiner Prämissen die Tiertötung nicht durchweg ablehnt und auch keinen ethischen Vegetarismus vertritt. Solange die Tötung schmerzfrei erfolgt und nicht anzunehmen ist, dass Tiere fähig sind, sich vor einer bevorstehenden Tötung zu ängstigen, liefert Schopenhauers Tierethik keinen Grund für den Vegetarismus. Interessanterweise finden sich bei ihm allerdings auch Bemerkungen, die dafür sprechen, dass er den Verzicht auf fleischliche Nahrung positiv bewertet hat, nicht als eine moralische Verpflichtung, aber doch zumindest als eine moralisch bewundernswerte Haltung. Er scheut sich nicht, von der »widernatürlichen Fleischnahrung« des Menschen zu sprechen, die dazu beitrage, ihn zu einem »Monstrum« zu machen. (X, 633) Und indem er versucht, den menschlichen Fleischverzehr mit gewagten Hilfshypothesen zu rechtfertigen, etwa mit der Behauptung, in den kälteren Zonen könne »man ohne Fleischspeise gar nicht bestehn« (IX, 174), gibt er zu erkennen, dass für ihn die fleischliche Ernährung der Rechtfertigung bedarf und sich nicht von selbst versteht.

Zu seiner Zeit war Schopenhauer mit seiner Tierethik ein »Rufer in der Wüste« (Lenzen 1999, 286). Er war zugleich einer der wenigen, die dafür sorgten, dass sich die Wüste belebte.

Kommentierte Bibliografie

Die Werke Schopenhauers werden nach der folgenden Ausgabe zitiert:
Arthur Schopenhauer: Werke in zehn Bänden, Zürich 1977 (Zürcher
  Ausgabe).
Die römische Ziffer gibt die Bandnummer, die arabische die Seitenzahl an.

1. Zitierte Literatur

Birnbacher, Dieter: Schopenhauer und das ethische Problem des
  Selbstmords. Schopenhauer-Jahrbuch 66 (1985), 115–130.
Birnbacher, Dieter: Schopenhauer und Adorno – philosophischer
  Expressionismus und Ideologiekritik. In: D. Birnbacher / Andreas
  Lorenz / Leon Miodonski (Hg.): Schopenhauer im Kontext.
  Deutsch-polnisches Schopenhauer-Symposium 2000. Würzburg
  2002, 223–239.
Birnbacher, Dieter: Schopenhauer und die moderne Neurophilosophie. Schopenhauer-Jahrbuch 86 (2005), 133–148.
Cartwright, David: Schopenhauer as moral philosopher – Towards
  the actuality of his ethics. Schopenhauer-Jahrbuch 70 (1989),
  54–65.
Cassirer, Ernst: Das Erkenntnisproblem in der Philosophie und Wissenschaft der neueren Zeit. Bd. 3: Die nachkantischen Systeme.
  Darmstadt 1974.
Churchland, Patricia: Neurophilosophy. Toward a unified science of
  the mind/brain. Cambridge (Mass.) 1986.
Feuerbach, Ludwig: Über Spiritualismus und Materialismus, besonders in Beziehung auf die Willensfreiheit. In: L. Feuerbach: Schriften zur Ethik und nachgelassene Schriften (Sämmtliche Werke,
  Bd. 10). Stuttgart 1911, 91–229.
Gehlen, Arnold: Die Technik in der Sichtweise der Anthropologie.
  In: A. Gehlen: Anthropologische Forschung. Zur Selbstbegegnung
  und Selbstentdeckung des Menschen. Reinbek 1961, 93–103.

Hallich, Oliver: Mitleidsethik oder praktische Vernunft? Schopenhauers Kritik der normativen Ethik. In: Lore Hühn (Hg.): Die Ethik Arthur Schopenhauers im Ausgang vom Deutschen Idealismus (Fichte/Schelling). Würzburg 2006, 59–76.

Heidegger, Martin: Sein und Zeit. Tübingen 1963.

Horstmann, Ulrich: Das Untier. Konturen einer Philosophie der Menschenflucht. Wien 1983.

Horstmann, Ulrich: Vorwort. In: Philipp Mainländer: Philosophie der Erlösung. Ausgewählt und mit einem Vorwort versehen von Ulrich Horstmann. Frankfurt a. M. 1989, 9–30.

Hübscher, Arthur: Denker gegen den Strom. Schopenhauer. Gestern – heute – morgen. Bonn 1973.

Kant, Immanuel: Kritik der Urtheilskraft. In: I. Kant: Werke. Akademie-Ausgabe. Bd. 5. Berlin 1908/13, 165–486.

Lange, Ernst Michael: Wittgenstein und Schopenhauer. Logisch-philosophische Abhandlung und Kritik des Solipsismus. Cuxhaven 1989.

Lenzen, Wolfgang: Liebe, Leben, Tod. Eine moralphilosophische Studie. Stuttgart 1999.

Lewis, David: Causation. Journal of Philosophy 70 (1973), 556–572.

Lovejoy, Arthur O.: Schopenhauer as an evolutionist. In: Bentley Glass u. a. (Hg.): Forerunners of Darwin: 1745–1859. Baltimore 1959, 415–437.

Mann, Thomas: Schopenhauer. In: Th. Mann: Leiden und Größe der Meister. Frankfurt a. M. 1957, 167–215.

Marcuse, Ludwig: Unverlorene Illusionen. Pessimismus – ein Stadium der Reife. München 1966.

Micheletti, Mario: Lo schopenhauerismo di Wittgenstein. Bologna 1967.

Milinski, Manfred: Perfumes. In: Eckart Voland / Karl Grammer (Hg.): Evolutionary aesthetics. Berlin 2003, 325–339.

Morgenstern, Martin: Schopenhauers Begriff der Metaphysik und seine Bedeutung für die Philosophie des 19. Jahrhunderts. Zeitschrift für philosophische Forschung 41 (1987), 592–612.

Ng, Yew-Kwang: Towards welfare biology: Evolutionary economics of animal consciousness and suffering. Biology and Philosophy 10 (1995), 255–285.

Rolston, Holmes: Können und sollen wir der Natur folgen? In: Dieter Birnbacher (Hg.): Ökophilosophie. Stuttgart 1997, 242–285.

Salt, Henry S.: Die Rechte der Tiere. Berlin 1907.

Schopenhauer, Arthur: Gesammelte Briefe. Hg. von Arthur Hübscher. Bonn 1978.

Schopenhauer, Arthur: Metaphysik der Natur. Philosophische Vorlesungen Teil II. Hg. von Volker Spierling. München/Zürich 1984.

Schopenhauer, Arthur: Der handschriftliche Nachlaß. Hg. von Arthur Hübscher. München 1985a.

Schopenhauer, Arthur: Metaphysik der Sitten. Philosophische Vorlesungen Teil IV. Hg. von Volker Spierling. München/Zürich 1985b.

Schopenhauer, Arthur: Theorie des gesammten Vorstellens, Denkens und Erkennens. Philosophische Vorlesungen Teil I. Hg. von Volker Spierling. München/Zürich 1986.

Schweitzer, Albert: Kultur und Ethik. München 1960.

Schweitzer, Albert: Kultur und Ethik in den Weltreligionen. Hg. von Ulrich Körtner und Johann Zürcher. München 2001.

Scruton, Roger: The aesthetics of music. Oxford 1997.

Smart, Roderick Ninian: Negative utilitarianism. Mind 67 (1958), 542 f.

Spierling, Volker (Hg.): Materialien zu Schopenhauers »Die Welt als Wille und Vorstellung«. Frankfurt a. M. 1984.

Tugendhat, Ernst: Vorlesungen über Ethik. Frankfurt a. M. 1993.

Vandenrath, Johannes: Schopenhauer und die heutige Evolutionslehre. Schopenhauer-Jahrbuch 57 (1976), 40–57.

Zentner, Marcel: Die Flucht ins Vergessen. Die Anfänge der Psychoanalyse Freuds bei Schopenhauer. Darmstadt 1995.

2. Empfohlene Literatur

a) Textausgaben

Schopenhauer, Arthur: Werke in zehn Bänden. Text nach der historisch-kritischen Ausgabe von Arthur Hübscher. 3. Aufl. Wiesbaden 1972. Editorische Materialien besorgt von Angelika Hübscher. Zürich 1977 (Zürcher Ausgabe). (Enthält den Text der verbindlichen Ausgabe von Arthur Hübscher mit in den Text eingefügten Worterklärungen und deutschen Übersetzungen der fremdsprachigen Zitate sowie einen Anhang mit Glossar und Namenregister.)

Schopenhauer, Arthur: Werke in fünf Bänden. Nach den Ausgaben letzter Hand hg. von Ludger Lüdkehaus. 5 Bände. Zürich 1988. (Enthält die Schriften in der von Schopenhauer für die Veröffentlichung vorgesehenen Fassung zusammen mit einem Beibuch mit Namen- und Sachregister und deutschen Übersetzungen der fremdsprachigen Zitate.)

Schopenhauer, Arthur: Sämtliche Werke. Hg. von Wolfgang von Löhneysen. 5 Bände. Frankfurt a. M. 1965.

b) Hilfsmittel

Wagner, Gustav Friedrich: Schopenhauer-Register. Stuttgart-Bad Cannstatt 1960.

c) Biografien

Abendroth, Walter: Schopenhauer. Reinbek 1967. (Biografie mit umfangreichem Bildmaterial in der bekannten Reihe des Rowohlt-Verlags.)

Safranski, Rüdiger: Schopenhauer und die wilden Jahre der Philosophie. Eine Biographie. München 1987. (Hervorragend geschriebene und weltweit erfolgreiche Biografie. Beleuchtet die psychologischen Hintergründe von Schopenhauers Philosophie.)

d) Einführungen

Birnbacher, Dieter: Arthur Schopenhauer. Wille und Weltverneinung. In: Margot Fleischer / Jochem Hennigfeld (Hg.): Philosophen des 19. Jahrhunderts. Eine Einführung. Darmstadt 1998, 123–143. (Knappe Einführung, auch als Hörbuch erschienen.)

Malter, Rudolf: Der eine Gedanke. Hinführung zur Philosophie Arthur Schopenhauers. Darmstadt 1988. (Gut lesbare Einführung, insbesondere in *Welt als Wille und Vorstellung*.)

Spierling, Volker: Arthur Schopenhauer. Philosophie als Kunst und Erkenntnis. Zürich 1994. (Einführung in das Gesamtwerk. Interpretiert die Widersprüche in Schopenhauers Metaphysik im Sinne eines systematischen Perspektivenwechsels.)

e) Sammelbände

Janaway, Christopher (Hg.): The Cambridge Companion to Schopenhauer. Cambridge 1999. (Beiträge angelsächsischer und deutscher Autoren zu allen Aspekten der Philosophie Schopenhauers.)

Salaquarda, Jörg (Hg.): Schopenhauer. Darmstadt 1985. (Beiträge vorwiegend deutscher Autoren zu Werk, Wirkung und Weiterführung seines Denkens im 20. Jahrhundert.)

Spierling, Volker (Hg.): Schopenhauer im Denken der Gegenwart. 23 Beiträge zu seiner Aktualität. München 1987. (Beiträge von Philosophen und Literaten zu Schopenhauers 200. Geburtstag 1988.)

f) Zur theoretischen Philosophie

Malter, Rudolf: Arthur Schopenhauer. Transzendentalphilosophie und Metaphysik des Willens. Stuttgart-Bad Cannstatt 1991. (Umfassende systematische Rekonstruktion der Metaphysik.)

Morgenstern, Martin: Schopenhauers Philosophie der Naturwissenschaft. Aprioritätslehre und Methodenlehre als Grenzziehung naturwissenschaftlicher Erkenntnis. Bonn 1985. (Darstellung und Kritik von Schopenhauers Beiträgen zur Erkenntnis- und Wissenschaftstheorie mit den Mitteln der analytischen Philosophie.)

g) Zur Anthropologie

Zentner, Marcel: Die Flucht ins Vergessen. Die Anfänge der Psychoanalyse Freuds bei Schopenhauer. Darmstadt 1995. (Detaillierte Analyse der Beziehungen zwischen Schopenhauers Anthropologie und Freuds Theorie der Psychoanalyse.)

h) Zur Ästhetik

Baum, Günther / Dieter Birnbacher (Hg.): Schopenhauer und die Künste. Göttingen 2005. (Beiträge zu Schopenhauers Ästhetik und den Auswirkungen seiner Philosophie auf Kunst, Musik und Literatur des 19. und 20. Jahrhunderts.)

Pothast, Ulrich: Die eigentlich metaphysische Tätigkeit. Über Schopenhauers Ästhetik und ihre Anwendung durch Samuel Beckett. Frankfurt a. M. 1982. (Analysiert Schopenhauers Einfluss auf Beckett und interpretiert Becketts Gestalten als »Anwendungen« von Schopenhauers Philosophie.)

i) Zur Religionsphilosophie

Schmidt, Alfred: Die Wahrheit im Gewande der Lüge. Schopenhauers Religionsphilosophie. München 1986. (Beleuchtet das ambivalente Verhältnis Schopenhauers zur Religion.)

j) Zur Ethik und Rechtsphilosophie

Hallich, Oliver: Mitleid und Moral. Schopenhauers Leidensethik und die moderne Moralphilosophie. Würzburg 1998. (Setzt Schopenhauers Ethik in Beziehung zu modernen Theorien moralischer Intersubjektivität.)

Hauskeller, Michael: Vom Jammer des Lebens. Einführung in Schopenhauers Ethik. München 1998. (Gut lesbare Einführung. Betont die Aktualität von Schopenhauers Ethik für die gegenwärtige Diskussion.)

Hoerster, Norbert: Aktuelles in Arthur Schopenhauers Philosophie der Strafe. Archiv für Rechts- und Sozialphilosophie 58 (1972), 555–564. (Betont den zukunftsweisenden Charakter von Schopenhauers Theorie der Strafrechtfertigung.)

Hühn, Lore (Hg.): Die Ethik Arthur Schopenhauers im Ausgang vom Deutschen Idealismus (Fichte/Schelling). Würzburg 2006. (Beiträge internationaler Autoren zu Schopenhauers Ethik, Metaphysik und Ästhetik im historischen Kontext.)

Schlüsselbegriffe

Empirischer Charakter Angeborener Charakter des Menschen, nach Schopenhauer von Geburt an unveränderlich.

Erworbener Charakter Charakter, der sich aus dem angeborenen Charakter ergibt, sofern er als solcher erkannt wird.

Gehirnparadox Zuerst von Eduard Zeller an Schopenhauers Anthropologie kritisierte Doppelrolle des Gehirns als Teil und als konstituierende Ursache der Erscheinungswelt.

Gerechtigkeit Das nach Schopenhauer oberste Prinzip der Moral: *neminem laede*, tue niemandem Unrecht.

Intellektuelle Freiheit Freisein von Irrtümern und Fehlinformationen sowie von Einschränkungen der Steuerungsfähigkeit in Wollen und Handeln.

Menschenliebe Das nach Schopenhauer dem Prinzip der Gerechtigkeit nachgeordnete Prinzip der Moral: *omnes quantum potes juva*, hilf allen, soweit du kannst.

Mitleid Als Motiv verstanden das nach Schopenhauer einzige Kennzeichen moralischen Handelns. »Mitleid« steht bei Schopenhauer überwiegend im Sinne eines »generalisierten Mitleids«, das heißt als Motiv, auch nicht anschaulich gegebenes Leiden zu vermeiden, zu verhindern und zu lindern.

Moralische Freiheit Ursachlosigkeit des Willens, Willensfreiheit im Sinne des Neuanfangs einer Kausalkette.

Objektivation Erscheinungsform des Weltwillens in der Welt.

Physische Freiheit Freisein von äußeren Beschränkungen des Handelns, Handlungsfreiheit.

Principium individuationis Ermöglichungsgrund der Individuen (im Gegensatz zu den Allgemeinbegriffen) in der Erscheinungswelt: Raum und Zeit.

Relative Freiheit Unabhängigkeit des Wollens und Handelns vom anschaulich Gegebenen.

Wille Von Schopenhauer in mehreren verschiedenen Bedeutungen verwendeter Begriff zur Bezeichnung einer dem menschlichen Willen analogen, aber dem Willen im alltagssprachlichen Sinn großenteils entzogenen natürlichen Dynamik, insbesondere im Bereich unbewusster Triebe und Motive.

Zeittafel

1788   Geboren am 22. Februar in Danzig als Sohn des Kaufmanns Heinrich Floris Schopenhauer und seiner Frau Johanna, einer zu ihrer Zeit weithin bekannten und geschätzten Romanautorin.

1793   Der Vater verlegt sein Geschäft nach Hamburg, um nicht mit der Angliederung Danzigs an Preußen preußischer Untertan zu werden. Arthur Schopenhauer besucht eine Privatschule für angehende Kaufleute.

1800   Reise mit den Eltern nach Karlsbad und Prag.

1803–04 Europareise (England, Frankreich, Schweiz, Österreich) mit den Eltern. Aufenthalt in England zum Erwerb der englischen Sprache.

1805   Kaufmannslehre in der Hamburger Firma Jenisch. Der Vater begeht Suizid.

1806   Die Mutter und Schopenhauers ältere Schwester Adele übersiedeln nach Weimar und lassen Arthur Schopenhauer in Hamburg allein zurück. Schopenhauer wirft der Mutter in Briefen vor, den Suizid des Vaters durch Lieblosigkeit verschuldet zu haben.

1807   Schopenhauer wird Schüler des »Gymnasium illustre« in Gotha, das er wegen eines Spottgedichts noch im selben Jahr verlassen muss. Übersiedlung nach Weimar.

1809   Aufnahme des Studiums der Medizin, der Naturwissenschaften und der Philosophie an der Universität Göttingen.

1811   Studium der Philosophie an der Universität Berlin, unter anderem bei Fichte und Schleiermacher.

1813   Promotion zum Dr. phil. an der Universität Jena mit der Dissertation *Über die vierfache Wurzel des Satzes vom zureichenden Grunde*.

1814   Übersiedlung nach Dresden. Zerwürfnis mit der Mutter.

1816   Abschluss der Studien zur Farbenlehre (gemeinsam mit Goethe) mit der Veröffentlichung der Abhandlung *Über das Sehn und die Farben*.

1819   *Die Welt als Wille und Vorstellung*. Erste Italienreise.

1820	Antrittsvorlesung und Vorlesungstätigkeit als Privatdozent an der Universität Berlin.
1822	Zweite Italienreise.
1832	Abschluss der Übersetzung von Baltasar Graciáns »Hand-Orakel und Kunst der Weltklugheit«, veröffentlicht nach Schopenhauers Tod.
1833	Übersiedlung nach Frankfurt am Main.
1836	*Über den Willen in der Natur.*
1839	*Preisschrift über die Freiheit des menschlichen Willens*, ausgezeichnet von der Königlich Norwegischen Societät der Wissenschaften.
1840	*Preisschrift über das Fundament der Moral*, nicht ausgezeichnet von der Königlich Dänischen Societät der Wissenschaften. Beide Preisschriften erscheinen unter dem zusammenfassenden Titel *Die beiden Grundprobleme der Ethik.*
1844	*Die Welt als Wille und Vorstellung*, Neuauflage zusammen mit dem ergänzenden zweiten Band.
1847	*Über die vierfache Wurzel des Satzes vom zureichenden Grunde*, erweiterte und veränderte Neuauflage.
1851	*Parerga und Paralipomena*, 2 Bände (Band 2 enthält die *Aphorismen zur Lebensweisheit*).
1860	*Die beiden Grundprobleme der Ethik*, 2. Auflage. Tod am 21. September.